BETWEEN YOU&ME

Confessions Of a Comma Queen

逗号女王
的自白

编辑的自我修养

〔美〕玛丽·诺里斯————著

安 芳————译

MARY NORRIS

重庆大学出版社

目录

CONTENTS

Of course, when you correct the errors of others, do so with kindness, in the hope that later writers will be as kind when they correct yours.

　　当然，纠正别人的错误时，请务必怀着善意，希望后世作家纠正我的时，也能友善待我。

《脚注的艺术》
The Art of the Footnote

———————————

弗朗西斯 A · 柏克尔 – 杨
Francis A. Burkle-Young

与

桑德拉 · 罗斯 · 梅利
Saundra Rose Maley

合著

咱们一开始就把这事说清楚：当逗号女王不是我的初衷。15岁那年夏天，我找到的第一份工作是在克利夫兰（Cleveland）的一家公共泳池给人检查脚丫。我是"管钥匙的"（key girl），在工资单（周薪75美元）上我的头衔是"关键员工"（key personnel）。我一直都没弄明白那是什么意思。我什么钥匙也不管，虽说我确实得打扫卫生间，可是对泳池的运营来说，我的职位一点也不重要。

在进泳池之前，每个人都必须走一套复杂的程序：把头发塞进丑陋的泳帽里（如果你是女的）、淋浴、从加了消毒剂的洗脚池里蹚过去（那水能把你的脚染成橘色），然后站成一排，等候检查脚趾。检查区有一条专用的木质长凳，类似鞋店店员用的那种，不同的是，少了给顾客量脚用的小型滑动板和量脚尺，多了一根杆子，杆子顶上有一个足形平台。泳客把左右脚依次放在平台上，身子前倾，用手指把脚趾掰开，待检查员确定没有脚气后，才能进泳池。我还从来没听说过其他城市有检查脚的，但在克利夫兰这却被视为理所当然。不禁让人猜测伊利湖畔曾有过脚气大爆发，某位励精图治的公共卫生官员决心把它消灭殆尽，就下令赶制了这些长凳，还雇人坐在上面验脚。

我并不特别怀念检查脚趾的日子，也不愿重温毕业后在克利夫兰演出服装公司的那段时光。我曾就读于新泽西州新布朗斯维克（New Brunswick）的罗格斯大学（Rutgers

University）道格拉斯女子学院（Douglass College），然后又灰溜溜地回了老家，因为我想不出做什么更好。在演出服装公司工作的最初一段时间还是有意思的：把道具租给当地拍电视剧的，或是给夏令剧目剧团的复辟剧筹备演出服。上班第一天，我就看到年轻的黑人姑娘伊冯娜给圣诞老人的胡子上发卷，这样到了圣诞节就成卷胡须了。一位年长点的黑人妇女在厨房里忙着给小丑服的飞边领和修女服的头巾上浆、熨烫。干活前她把便鞋换成拖鞋，嘴里还叨叨着"我家的狗烦死人"之类的话。老板是皮齐诺夫人（"'皮'是皮肤的皮，'齐'是整齐的齐，'诺'是诺言的诺。"她在电话里会这样拼自己的姓）。在她的指导下，我学会了如何修复用混凝纸制作的大型动物头套，也明白了豹子的眼睛不能涂成蓝色。

万圣节一直是我最喜欢的节日。我从公司借了件绿色的灯芯绒连帽长袍，像童话故事里小矮人穿的衣服，然后在父母家的地下室开了个派对，准备了大量的酒水和糖果。其中一位客人装扮成一根阴茎，还有一位扮作3K党人。刚开始，我还为伊冯娜拒绝了我的邀请而难过，后来就不在意了。派对结束后，我觉得在服装公司不会再有更大的发展，就决定辞职。于是，第二天我睡过了头，还是妈妈把我叫醒，说芭蒂娜夫人打电话来了（妈妈从来都记不准皮齐诺夫人的名字）。我对老板解释说，万圣节过去了，我想我也该离职了。她答道："给我回来上班。"节后的服装公司和过节前几周一样忙。我勉强熬过了圣诞季，等所有的圣诞老人服都洗净收好，伊冯娜又在卷胡须时，我开始四处找工作了。

我给当地的一家牛奶厂打电话，问他们需不需要送奶工。多年来，我一直梦想着开一家奶厂。我喜欢奶牛：它们的生活平静而多产。我之所以去罗格斯大学读书，部分原因就是该校的乳品学很出名。我上过一门简易课程，学习如何鉴别奶牛的优劣，还学会了区分荷斯坦奶牛、格恩西奶牛、泽西奶牛和瑞士棕奶牛。"我们还从来没让女人开过送奶车，不过倒也未尝不可。"电话那头的男子说。他同意让我过去面谈。厂里的设施都是锃亮的不锈钢材质，加热的牛奶中混杂着一股刺鼻的氨气味。这是我第一次在面试时完全坦诚自己。我没有任何经验，但我发自内心地热爱这一行。

　　二月里一个寒冷的早晨，我和一名送奶工驾车行驶在克利夫兰西郊费尔维尤（Fairview）的一条道路上。送奶车有两组踏板，一组有手动挡标配的三个踏板，是跑长途时坐着开车用的；另一组是为了方便挨家挨户送奶而站着开车用的，只有两个踏板：离合器和刹车合二为一了，减速或换挡时，左脚要踩在这个踏板上，从离合器向刹车用力，右脚还得松开油门，单用脚后跟保持平衡。

　　这条线路缺人手，我就得到了这份工作。一位朋友很大方，把她的车借给我，然后我上了个速成班，学习怎样开手动挡。教我的领班发现，我站着开送奶车比坐着开得更好。驾驶座被设计成能折叠并转到侧边的，便于收纳。因为经常折叠旋转，座位松动了，所以我一打方向盘，车座就往反方向转，这下我就会对着侧面、而不是车行驶的方向，就像坐在令人晕头转向的游乐设施上。在领班的提议下，我在临近机场的布鲁克帕克路上站着开车返回奶厂。途中经过一条地下通道，尽头有个红绿灯，车快开到跟前了，我才发现是红灯，便猛踩刹车。我握紧方向盘，以一只脚跟为支点，竭力稳住车子，可还是失控了。车撞上了混凝土护栏，领班被甩进了冰激凌冷冻箱，我则摔倒在地上。他没什么大碍，我却受了伤，还丢了脸。奶厂有自己的拖车和机修工，我搭机修工的车回去，路上还想讨一根无过滤嘴的"骆驼牌"香烟来抽。领班挨了训，老板怪他不该让我站着开车，又给了我一次机会。

有些客户人很好，比如有对夫妇，每周只买一次一品脱的混合奶（牛奶和奶油各半）来冲咖啡。还有些赖账的，他们觉得要是付了全款，你就不来送奶了。有个人发明了找零钱的硬币夹，那是个精巧的玩意儿，装着一筒筒不同面值的硬币，我们把它别在皮带上。家家户户都装有牛奶滑道，或在门边放着牛奶盒，你也可以把牛奶放在防风门和内门之间，然后喊一声"送奶的（Milkman）！"我不是男人，但是我也不喜欢说"milklady"，听起来不够女权主义，所以我不会喊"milklady"，"milkmaid"又有点太花哨了，我勉强选了"milkwoman"，但有点太强调生理结构了，而且听起来我像个奶妈。因此，最后几个音节我一般含混带过。

我有点想留在克利夫兰，努把力嫁给老板的儿子（他是养肉牛的）。但我还是放弃了送奶的工作，接受了佛蒙特大学的助学金，那是我拖到离职前一年才申请的。读英语专业硕士时，我对乳业的兴趣依然不减。佛大有个农学院，还有一门很出名的冰激凌课。我甚至学会了挤奶，不过是大学养的奶牛（高产量的荷斯坦奶牛）。学业让我感到疲惫时，我就去打工。打的第一份工是在一家奶酪厂上夜班，包装马苏里拉奶酪。一群女工系着白色橡胶围裙，戴着黄色橡胶手套，脚蹬绿色橡胶靴，头罩发网，把大块的马苏里拉从大桶的冷盐水中捞出来，贴标签、装袋、封袋、装箱后，堆放起来。我暗暗渴望能开叉车。搬到纽约后，我在奶酪厂练就的凸起的前臂肌肉很快就萎缩了。有时，我依然能从比萨店送货车的两侧车身上，认出红白绿三色的比萨批发商商标，像"维苏威"（Vesuvio）、"克雷莫纳"（Cremona）之类，都是我在佛蒙特时往一块块马苏里拉上贴过的。我想今后我再也不会加入卡车司机工会了（虽然我还留着司机驾照），也不会因为搬运装满半加仑装牛奶盒的不锈钢货架而把掌心磨出茧子了。

◆◆◆

我是在佛尔蒙研究生院时开始看《纽约客》（The New Yorker）的。有时，我会去纽约找我哥。他参加了艺术学生联盟，在肖像画课上和女同学珍妮·弗莱施曼（Jeanne Fleischmann）成了朋友。珍妮是《纽约客》董事长彼得·弗莱施曼（Peter Fleischmann）的妻子，而彼得的父亲拉乌尔·弗莱施曼（Raoul Fleischmann）与哈罗德·罗斯（Harold Ross）是该杂志的共同创办人。有次去找我哥时，我无意中看到了一本1975年2月24日出版的杂志。封面是尤斯塔斯·提利（Eustace Tilley）[1]，里面有一篇埃尔温·布鲁克斯·怀特（Elwyn Brooks White）的《来自东方的信》（*Letter from the East*）。那是《纽约客》创刊 50 周年的纪念专刊。

我最终见到弗莱施曼夫妇时，正在为硕士论文查找资料，我研究的是詹姆斯·瑟伯（James Thurber）[2]。当时彼得出差在外，却依然让我到他办公室翻阅《纽约客》的合订本。一次，在摩根图书馆举办的作家藏书展览上，我发现瑟伯收藏的一本海明威《非洲的青山》（*Green Hills of Africa*）的墙标有一处语法错误。书中有他的铅笔素描，画的是游猎中的老爷和夫人。我由此获准可以仔细翻阅这本书（我依葫芦画瓢，把插图描下来，作为毕业论文的附录。可惜答辩老师并不觉得有趣）。在佛大时，我曾用装龙虾的板条箱当咖啡桌，桌上放着两摞杂志，一摞是《霍尔德的奶牛场主》（*Hoard's Dairyman*），另一摞就是《纽约客》。

1997 年夏，《纽约客》刊登了一些佳作：有伍迪·艾伦（Woody Allen）的短篇小说《库格尔马斯轶事》（*The Kugelmass Episode*）[当年也是电影《安妮·霍尔》（*Annie Hall*）大热的一年]，有爱德华·科伦（Edward Koren）配图、卡尔文·特里林（Calvin Trillin）创作的精彩短篇，有约翰·麦克菲（John McPhee）的"阿拉斯加"系列的《进入荒野》（*Coming into the Country*）。之前我从来没读过麦克菲的作品；无论是他气势磅礴的主题"阿拉斯加"，还是准确而精心的措辞，都

1.《纽约客》创刊号的封面漫画人物，是一位头藏黑色高帽、手持单片眼镜正在观察蝴蝶的绅士。——译注（本书若无特别标注，均为译注）

2. 詹姆斯·瑟伯（1894--1961 年），美国作家、漫画家。

让我惊叹不已。在阿拉斯加伊戈尔市（Eagle）时，他曾如此描绘邻居兼房东吉姆·斯科特（Jim Scott）家窗外的风景：

In the view's right-middle ground is Eagle Creek, where he and I once fished for grayling. It is in the United States, and if it is not God's country, God should try to get it, a place so beautiful it beggars description—a clear, fast stream, which on that day was still covered on both sides and almost to the center with two or three feet of white and blue ice. The steep knobby hills above were pale green with new aspen leaves; there were occasional white birch, dark interspersed cones of isolate spruce, here and again patches of tundra. Overhead was a flotilla of gray-hulled, white-sailed clouds. Fresh snow was on the mountains in the distance. The Scotts have all that framed in their thermopane—a window that could have been lifted from a wall in Paramus and driven here, to the end of the end of the road. The window is synecdoche, is Eagle itself—a lens, a monocular, framing the wild, holding the vision that draws people up the long trail to the edge of things to have a look and see.

放眼望去，右中间是伊戈尔河，我们曾在河里钓过茴鱼。此处位于美国境内，若非上帝之国度，上帝也应该设法获得。这里美得难以形容，河水清澈湍急，两岸和几近河心处仍覆盖着两三英寸厚、白里透蓝的冰层。嶙峋陡峭的山上，山杨吐绿，青山如黛。偶尔可见白桦树、孤零零的云杉散落的深色球果、一片片的冻原。头顶的云层层叠叠，宛如一支灰色船体、白色风帆的舰队。远山覆盖着初雪。此番美景都勾勒在斯科特家的双层玻璃窗里，窗子仿佛从帕拉莫斯的一面墙上拆下来，一直运到这无路可走的尽头。这扇窗是一个提喻，象征着伊戈尔市本身，它是一个镜头，一架单筒望远镜，将荒原定格、美景封存，吸引着人们千里迢迢来到世界的尽头，只为一睹其风姿。

这里的提喻（synecdoche）什么意思？从上下文可以判断，即以小见大，可我还是查了词典。该词源自希腊语"*syn*"（共同、在一起）和"*ekdoche*"（意义、解释），后者源自"*ekdechesthai*"，意为"接收、理解"，合在一起即"共同接收"之意。它是"一种修辞手法，以部分代替整体[如以 '五十张帆'（*fifty sails*）代'五十艘船'（*fifty ships*）]，以整体代替部分[如'社会'（*society*）代'上流社会'（*high society*）]，以个体代替种类[如以'割喉杀手'（*cutthroat*）代'暗杀者'（*assassin*）]，以种类代替个体[如'生物'（*a creature*）代'人'（*a man*）]，以材料代替成品[如'木板'（*boards*）代'舞台'（*stage*）]"。它有四个音节，重音在第二个音节，读作"sin-NECK-duh-kee"，与"Schenectady"（斯克内克塔迪）属于近似韵。

这个词对我的影响难以名状，只能说它令我欣喜若狂。我就像卡通片里的那条狗，得到一块饼干，就抱住自己飘飘然上了天。这个词除了描写阿拉斯加的荒原外，透过它也能看出作者的写作风格。麦克菲用的每一个陌生的字眼，都是舍此无他的。他细细品味着，反复咀嚼每个音节，单词犹如食物，让他馋涎欲滴。

1977年秋，我决心移居纽约。我带上我的猫、精简后的若干本书，揣着两百美元，开着我的那部1965年的普利茅斯复仇女神II，来到了纽约。弗莱施曼夫妇的子女成年后都搬出去了，但夫妇二人还停留在做父母的角色中，便欣然与我为友了。我常常去他们家喝酒消磨时光，呷着喜力啤酒，听彼得讲故事。彼得喝着掺水的苏格兰威士忌，一根接一根地抽烟，一把把地吞着胃药。他给我讲战争故事（他参加过突出部之役），讲耶鲁大学的故事，讲他父亲拉乌尔（他们老家是维也纳的），讲他有次和演员哈勃·马克斯（Harpo Marx）玩槌球游戏，把一个备胎锯开缠在树上，球打在轮胎上反弹得分了。

那年秋天，我往返于金融区和新泽西州帕特森市，在该市一位朋友开的餐馆里洗盘子。朋友为我付公交车费，啤酒任我敞开喝。所以，我在洗盘子时，也尽量小心翼翼地对待银餐具。回家路上，我常常提前下公交车，步行穿过乔治·华盛顿大桥。有时我写论文写得灰心丧气，彼得便提醒我，就算没写完论文，拿不到硕士学位，也没必要心灰意冷。彼得在编辑部没什么影响力，和父亲拉乌尔·弗莱施曼一样，他把做生意和当编辑分得很开。不过，他主动给执行编辑鲍勃·宾厄姆（Bob Bingham）打电话，让他找我谈一谈。我们在感恩节后的星期五见了面。宾厄姆非常友好，但当时没有职位空缺。

我辞去洗碗工作，在圣诞节购物高峰期去柯维特连锁店当收银员。管理层没看出我的天分把我留下做全职，我说不出是该难过还是该释然。我只好打临时工，先是在金融区的一家保险公司上班，离我在约翰街租住的 Loft 公寓仅一个街区，我每天上下班只需要下一部电梯，再上一部电梯，我记得有个红棕色头发的帅哥曾在影印机旁摆酷。后来我在市中心的一家银行当统计打字员，在税单上填各种利率。我正想着去考个出租车驾照时，彼得建议我再给宾厄姆打个电话，许是料到我将来会出车祸被救护车拉走。

终于有空缺职位了！实际上有两个，一个是打字部的，另一个是书库编辑部的。我没通过打字部的测试。考试用的是电动打字机，而我用惯了手动打字机，反正这是我自找的借口。只要我放在键盘上的手一抖，打字机就会自行操作起来。我在书库编辑部面试时就像在牛奶厂面试一样，不必为了得到工作而撒谎。我很想在《纽约客》工作，只要一闻到书库的气味，那种图书馆所特有的，混合着书本、灰尘、糨糊和纸张的气息，我就觉得自在。海伦·斯塔克（Helen Stark）是书库迄今为止的第二任主管，她有着硬币上侧面人像那般高贵的头颅和棱角分明的五官。她和另外三个女孩坐在桌前，呈四叶草状。海伦测了我的打字能力，这次用的是手动打字机，要把单词密密麻麻地打在一张索引卡上，我得了满分，然后她借了间空闲的办公室进行面试。她穿了条黑色宽摆裙，我还记得她交叉双腿时整理裙裾的样子。（我穿了一条森绿色的丹斯金牌包身裙，是一位朋友从新泽西州一家廉价旧货店里买来的。再穿的时候，我才发觉裙摆的一边比另一边长了约 8 英寸。）我一副容光焕发的模样，海伦却提醒我这并不是一份风光的工作。不过，根据经验，她知道说什么都熄灭不了我的热情，也颠覆不了我的信念，我相信自己很快将会成为"来信"刊发在"街谈巷议"（Talk of the Town）专栏中的"年轻读者"之一。面试后，珍妮·弗莱施曼带我去阿尔冈昆酒店吃午餐，接着又去俄罗斯茶室，我点了一杯俄罗斯茶。我很迷信，不敢过早庆祝，生怕希望落空。

次日是星期五，我接到录用电话，周一我就上班了。那天下着雪，海伦·斯塔克带我到 19 楼的排版部。杂志周一下午付梓，所以家住布朗克斯区的排版员头天晚上就得乘火车过来，在街对面找个宾馆住下，免得因为暴风雪上不了班。威廉·肖恩（William Shawn）[1] 在公告栏里发布了一则通告，称凡是"非必要"人员均可回家。可是谁也不愿意被当成"非必要"人员。

乔·卡罗尔（Joe Carroll）是排版部的主管。他拉过来一张椅子让海伦坐下，还给我们冲了咖啡。副主管约翰尼·墨菲（Johnny Murphy）是大伙的开心果。他总是带着公文包，里面装着午餐盒。伯尼·麦卡蒂尔（Bernie Mcateer）是个单身汉，他瘦小结实，已经开始谢顶。比尔·菲茨杰拉德（Bill Fitzgerald）长得很像演员沃尔特·马修（Walter Matthau）。两名实习生约翰和派特都是爱尔兰人，还有一名信差叫卡敏。暴风雪肆虐时，大家待在排版室里很舒适，还回忆起了 1977 年夏天的大停电，编辑加德纳·博茨福德（Gardner Botsford）把所有人都召集到排版部，组织人员撤离。当天是 1978 年 2 月 6 日。我之所以记得，是因为第二天就是我的生日。雪还在下，杂志社再度停班。午餐时，我踩着雪走到第五大道的斯克里布纳尔（Scribner's）书店，买了本我想要的书《坠入文字之网》（*Caught in the Web of Words*），是《牛津英语词典》（*Oxford English Dictionary, OED*）的首任编辑詹姆斯·莫里（James Murray）写的传记。

---

1. 威廉·肖恩（1907—1992 年），《纽约客》第二任主编。

当晚，我和海伦下了班一起出门，乘电梯到 18 楼时，编辑派特·克罗（Pat Crow）走了进来。我注意到他穿着一双大大的泥绿色橡胶靴，便开口说道："我们在奶酪厂就穿这样的靴子。"他看了看海伦说："所以这里是奶酪厂的下一站啰？"

我从市政厅地铁站走出来，想到店里买块蛋糕和冰激凌（蜡烛就免了）时，看到警察局积雪的广场上空正散落着烟火，烟火的声音沉闷却绽放出璀璨夺目的光芒。时值中国的马年春节。这似乎是个好兆头：就让这温柔的烟火庆祝我入职《纽约客》吧!

◆ ◆ ◆

一晃三四十年过去了，如今我也当了 20 多年的逐页校勘员（page Ok'er）。这是《纽约客》特有的职位，要求与编辑、作者、事实核查员（fact checker）和二级校对一起，带着质疑校正稿件，直至付印出版。某编辑称我们为"散文女神"，还被人戏称为"逗号女王"。除了专职写作，我还从未认真考虑过其他任何行当。

我喜欢这份工作的原因之一是，我要全身心投入其中。不仅要动用语法、标点、惯用法、外语和文学知识，还要有旅行、园艺、海运、歌唱、水电、天主教、中西部主义、马苏里拉奶酪、纽约 A 线列车和新泽西的阅历。反过来，这份工作也会增长自身见闻。如果"散文女神"分等级，我只能排在末位，但我想把我学到的专业知识传递下去。

我最衷心的期望，你只消看一眼书名，就敢大胆地说"between you and me"（用宾格"me"而不是主格"I"），至于你是否当真买下这本书并深入钻研宾格的用法倒无所谓。没有人无所不知，人人都会犯错，语言的趣味就在于总是有新知识可学。我也经常用错虚拟语气，也得去查查语法书，就像椎骨错位了要找脊柱按摩师一样。有天早上出门前，我随手拿了本惯用法手册，准备在车上等清洁车经过时读一读。这种街头芭蕾叫换边停车，但凡不愿花钱为自己的便宜车找停车场或买车库的纽约车主都在此时抢占合法停车位。书中写道："虚拟语气听起来比实际要可怕，很容易让人心生恐惧。"哎—呀。

虚拟语气用在与事实相反的场合，一个经典的例子是："If I were a rich man"（假如我是个有钱人）。虚拟语气通常后跟"as if"，如"She looked as if she were frozen behind the wheel"（她握着方向盘，看上去像冻僵了似的）；也可以用来表达愿望，如"I wish I were home in bed"（真希望我能回家睡大觉）。一遇到否定句，我的脑子就转不过来了，例如"If it were not for these stupid street cleaning rules, I would be home in bed."（要不是因为这些烦人的扫街规定，我早就在家睡大觉了。）用了否定句，"与事实相反"是不是就抵消了呢？不是。那些烦人的扫街规定确实存在。

这时，一个女人敲了敲我的车窗，不可置信地说："小姐，你在学语法吗？"（Miss, are you studying grammar?）（她的纽约腔很重，所以听起来像是"Miss, you studyin'

15

grandma?"）我点了点头。"我语法很差。"她说，"这本书好不好？""好啊。"我边说边给她看封面，是卡洛琳·塔格特 (Caroline Taggart) 和 J.A. 怀恩斯 (J. A. Wines) 合著的《语法与我：该用"I"还是"Me"？》 (*My Grammar and I ... Or Should That Be Me?*)，《读者文摘》出版的，浅显易懂好理解。

　　那个女人念了念标题和作者的姓名以牢记在心，她谢过我，就走了。这时我才发觉已经十点了。清洁车一直没来，其他车主全都渐次移向街对面，找到车位便锁车走人。这个街区的车位全都被占了，我只能付钱停到停车场。虽然没找到车位，可当我把车开走时，心情却比预料中还要愉快，这都得益于那个女人，因为她对语法感兴趣。真希望当时我把那本书送给了她，可我没有。所以，这本书要献给她，也献给所有想提高语法水平的读者。

第一章 拼写是怪胎才做的事

　　"奇了怪了"（weird）一直是我最喜欢的字眼之一，我也确实用过了头。这个单词违背了"除非是在 *c* 后，*i* 要放在 *e* 前"这条古老的规则（它几乎适用于所有源自拉丁语的词语；我在拼写"siege""seize"和"niece"时，总要迟疑一番）。我的朋友们（都是受过教育的人）仍会把它误拼成"wierd"。我上小学四年级时的一次惨痛经历就和这个词有关。当时我已经完成了历史课的作业，那年学的是俄亥俄历史。我想写得更生动些（至少是对我而言），就写了几则俄亥俄历史上的怪人趣事。我记得其中两人是：到处种苹果树的苹果种子约翰尼（Johnny Appleseed）和神枪手安妮·欧克利（Annie Oakley）。我把作业命名为《怪咖》（Weirdos），从左上角开始，用大写字母按斜对角线打印在文件夹的封面上，还仔细地排好间距。我一心想着别把"ei"弄反了，事后才发觉漏掉了字母"r"，变成了刺眼的拼写错误"WEIDOS"。

　　我们为什么要在意拼写呢？"正确拼字"（orthgraphy，希腊词根意为"straight scratching"）能让我们显得更上进吗？我们为什么要掌握拼写，尤其是在已经有机器代劳的今天？20 世纪时，我们就以为机器人会取代人工。虽说在某种程度上确实如此，但是机器人的整体发展令人失望。人类并没有在一群由钢铁、塑料、电路、闪光灯和履带制成的机器人手下被指挥得团团转，像动画片《杰森一家》（The Jetsons，又译作《摩登家族》）里的机器人女仆罗茜（Rosie）一样，而只是随身携带着各种自动化装置。iPod 决定我们下一首听什么歌，车载导航仪告诉我们该走哪条路，智能手机帮我们完成词句输入。我们变成了自己的机器人。

有些人可能会纳闷，既然有拼写检查程序，还要文字编辑（copy editors）干什么？每次我想双写词尾辅音字母时，程序都偏好简略版的拼法（如用"mislabeled"而不是"mislabelled"），我还得自己多敲一个字母进去，然后单词底下就会出现一条纠错的红线。即便如此，我也从来不会关闭拼写检查功能；那样未免太狂妄自大了。自动更正功能则完全没有必要，它显得我又蠢又笨。虽然我确实不知道如何关闭自动更正，用手指发短信的速度也比不上十来岁的孩子，可我为什么要让机器告诉我该说什么呢？我用德语给某个人发短信道"晚安"，发出去的不是"Gute Nacht"，而是"Cute Nachos"（可爱的墨西哥烤玉米片）。键入的是"adverbial"（副词），出来的却是"adrenal"（肾上腺），这无异于在我的"副上腺"捅了一刀。朋友邀我吃晚饭，我发短信问她要不要带点东西，她回复"食物和论文"（food and dissertation）都准备好了[1]。这大概是好消息吧。我一点就通，只带了酒过去，也不向任何人提博士论文的事。

工作时，我总记得对每篇稿子做一次拼写检查，也确实能查出拼写错误。但是拼写检查程序永远取代不了文字编辑，因为它不能识别上下文，也就无法区分同音异义词（homophone，发音相似而拼写和意义不同的词语），如

---

1. 应该是"食物和甜点"（food and dissert）。

18

"peddle"（贩卖）和"pedal"（踏板）、"horde"（一群）和"hoard"（囤积）、"rye"（黑麦）和"wry"（面部扭曲的）、"tale"（故事）和"tail"（尾巴）、"cannon"（大炮）和"canon"（标准）、"lead"（铅）和"led"（"lead"的过去式），更不用说"roomy"（宽敞的）和"roomie"（室友）、"rheumy"（充满黏液的）和"Rumi"（诗人鲁米）了。

英语中容易拼错的词比比皆是，世界上追求完美的人也比比皆是，他们随时准备挑刺找碴。意大利语、西班牙语和现代希腊语是表音语言，可以依靠某些字母或字母组合发出相同的音，英语则不同，它有很多不发音的字母，且词源混杂，极难理清头绪。美式英语除了源于盎格鲁-撒克逊语的日耳曼词根，受拉丁语 [罗马皇帝哈德良（Hadrian）时期] 和法语（诺曼人入侵）的影响，还借用了希腊语、意大利语、葡萄牙语，甚至夹杂了些许巴斯克语（Basque），也有大量东部早期殖民者带来的荷兰语、探索西部的探险家和传教士引入的西班牙语，以及源自美洲土著语言的庞大的地名词汇，且常常混合着法语，更叫人犯迷糊。美国词典编纂家诺亚·韦伯斯特（Noah Webster）早在 1783 年就指出："在美语中，若干元音有四五个不同的发音，还有四种发音可用五到七种不同的字母表示。辅音的情况也大致相同。"

好的词典只是有一定的帮助。《纽约客》用的是《韦氏词典》。实际上，出于神圣的层级制度，我们使用三个版本的《韦氏词典》。当我因工作需要查词时，首先要查阅我们的写作风格指南（那是一册元老级的三环活页夹，纸张规格为8.5英寸×14英寸，每页都装在塑料封套里），看看创刊人有没有特殊的拼写规定，然后参考《韦氏大学词典》（Merriam-Webster's Collegiate Dictionary）第十一版。我们称之为"韦氏小红书"（Little Red Web）。（2003年第十一版一出，前十版就全退休了。我们努力给它们找到好的归宿，词典可不能随便扔掉！我留了几本当礼物送人。）多年来，梅里亚姆-韦伯斯特公司是美国唯一一家不断推出新版案头词典的出版商。家家户户都应该有本"小红书"，就像每家宾馆都有国际基甸会赠送的《圣经》一样。

如果"小红书"上查不到，接下来我们会求助于《韦氏新国际英语足本词典（第二版）》[Webster's New International Dictionary (Unabridged), Second Edition]，我们称之为"韦氏II"（Web II）。1934年初版时，它一度是美国最权威的词典，至今仍让人渴望入手：厚达3 194页，释义详尽、插图精细。1961年《韦氏三版》（Webster's Third）出版，以菲利普·戈夫（Philip Gove）为首的编辑们在新版里收录了一些日常用语，却没有提醒读者哪些是粗俗用语，这在词典界引起了相当大的争议。《韦氏三版》（我们称作"韦氏3"）出版之际，规约语言学派（告诉人们语言的规则）和描写语言学派（只描述语言而不作价值判断）之间发生了重大转变。1962年3月，规约主义阵地之一《纽约客》上刊登了德怀特·麦克唐纳（Dwight Macdonald）的一篇文章，抨击了该词典及其语言原则："我反对的并不是对实际用法的真实记录，而是它未向读者提供足够的信息，让他们决定该选取哪种用法。""Transpire"（为人所知）和"enthuse"（使兴奋）依然不被认可。自20世纪60年代早期的词典大战以来，不少机构对《韦氏3》持怀疑态度。我们屈尊俯就地说，这本词典适合查找科技术语，页面也比《韦氏II》干净清爽得多。撇开词汇不论，第三版也没那么好看。我可不会把《韦氏3》拖回家。从我们办公室称呼它们的缩略语，就能看出它的地位没那么尊贵：《韦氏II》用的是罗马数字，而《韦氏3》则将就着用了常见的阿拉伯数字。

有同事使用韦氏在线词典，这也无可非议。附光盘的韦氏词典已发行多年，1996年起可免费在线使用（不过得忍受广告）。我一直都不习惯在线查词。我喜欢纸质版，喜欢随意翻阅的感觉，到现在还没法说放弃就放弃。

按照我们查阅词典的顺序，如果翻遍《韦氏II》和《韦氏3》还一无所获，我们就求助于1987年出版的《兰登书屋足本词典（第二版）》[Random House Unabridged Dictionary (second editison)]。该词典1966年初版，它利用了《韦氏II》和《韦氏3》引发的论战，提供了一种新的声音，别具一格，避免了冲突。我偏爱《兰登》，有时遇到疑似新近出现的词语，我就跳过《韦氏II》和《韦氏3》，直接去查《兰登》。我喜欢这本词典，因为它收录了很多历史的和虚构的专有名词，仿佛对拼字游戏的设计者嗤之以鼻。

《纽约客》对《韦氏词典》一往情深，对这个美国品牌出版物无限信赖，连牛津系词典也不予考虑 [《牛津英语词典》（*Oxford English Dictionary*, OED）固然是极有趣的，但算不上实用的参考书]，这不由得让我纳闷诺亚·韦伯斯特究竟是何许人。各类传记将其塑造为"被遗忘的奠基者"，不过作为词典编纂家，他的威望却远不及塞缪尔·约翰逊（Samuel Johnson）。但是韦伯斯特功不可没，历代美国作家、编辑和学者的写作习惯都承袭于他。他出生于康涅狄格州西哈特福德市的一家农舍（如今已改建成一座冷清的小博物馆），我在那里买到了他于 1783 年编纂的一本小书的摹本《英语语法》（*A Grammatical Institute of the English Language*），后人称之为"蓝皮拼字书"（Blue-Back Speller）。韦伯斯特在独立战争期间就读于耶鲁大学（1778 届），原本想当律师，结果却去学校当了老师。学生的发音和拼写差得出奇，他就编写了一本拼字书，满腔热忱地想提高同胞们的语言水平，同时以标准化美国英语来抵制英格兰。结果表明，诺亚·韦伯斯特是个销售天才，他的"蓝皮拼字书"（"韦氏小红书"的雏形）售遍东海岸各地，他最终编纂了两卷本的《美国英语词典》（*Dictionary of the American Language*）。

　　拼字书最惹人注意的是封面上看起来像 *f* 的古体长字母 *s*，整本书都是如此。如果你像作者预期的那样，认认真真地把 *f* 当作 *s* 来读，就会发现韦伯斯特的用意清晰明了、意味深长；

如果都读成 f，那你根本就没有认真对待他 [1]。那样的话，这本书就像是有严重语言缺陷的人写成的 [2]。蓝皮书约 4 英寸 ×6 英寸，共 119 页。韦伯一直想给它取名为"拼字书"，但起初他被耶鲁大学校长埃兹拉·斯泰尔斯（Ezra Stiles）说动，对方希望书名能仿照加尔文宗的宣传单，而韦伯为了获得他的认可，就改成了"Inftitute" [3]。封面上写道"专为英语语言学习编写"（Defigned for the ufe of English Schools）[4]，还有一句引自西塞罗（Cicero）的拉丁文 "Ufus eft Norma Loquendi" [5]。对这句话，有各种不同的译法，如"普遍习惯即话语规则"（General custom is the rule of speaking）和"惯用法决定言语规则"（Usage should determine the rule of speech）。换言之，"惯用法最重要"（Usage rules）。韦伯斯特是个语言描写主义者！

套用詹姆斯·莫里（James murray）的话来说，韦伯斯特"生来擅长下定义"，但他并不总像学者那样靠谱。比如，他引自西塞罗的那句话其实是源自贺拉斯（Horace）的《诗艺》（*Ars Poetica*）中的一段，探讨新词、保守用法和生造词之间的平衡：

---

1. 原文是 "[……] you cannot take Webfter feriously at all." 作者故意将 "seriously" 拼成 "feriously"。
2. 原文是 "It is as if the book had been written by fomeone with a profound fpeech defect." 该句中的 "fomeone" 和 "fpeech" 的正确拼法分别是 "someone" 和 "speech"。
3. "Inftitute" 的正确拼法是 "institute"。
4. "defigned" 和 "ufe" 的正确拼法分别是 "designed" 和 "usc"。
5. 该句的正确拼法应为 "Usus est Norma Loquendi"。

Multa renascentur quae iam cecidere, cadentque
Quae nunc sunt in honore uocabula, si uolet usus,
Quem penes arbitrium est et ius et norma loquendi.

一位朋友帮我查阅之后，直译如下：

many vocabulary words will be born which now have
perished, and will fall
Vocabulary which is now in honor, if usage should wish,
Under whom rests judgment and the law and the norm
of speaking.

许多已经消亡的词语将重获新生，
如今备受推崇的词汇亦将走向没落，
一切都由惯用法决定，
评判标准、言语法则和规范皆皈依其下。

英语语言学家们笑称"Norma Loquendi"（惯用法）是守护正确用法的女神。

蓝皮书将单词和发音归纳成表，难度递增，从"三四个字母的单词"开始，进而是"有两个音节、重音在第一个音节的简单词"，最后是"有五个音节、重音在第四个音节的单词"（如"im-a-gi-na-tion、qual-i-fi-ca-tion、re-gen-e-ra-tion"）。韦伯的词汇表看似随意（"bed、fed、led、red、wed"），但又不免让人窥见他的内心世界（glut，shut，smut，slut），那时他还是单身（"la-dy，la-zy，le-gal，li-ar，like-ly，li-ning，li-on，lone-ly"）。凡是不发音的字母和读作 z 的字母 s，他都用斜体表示（他还建议将浊音 s 读作 ez）。他还想把字母表中的某些字母重新命名，例如 h（aitch）应该读作"he"，w（double-u）应该读作"we"，y（why）应该读作"yi"。哎呀，多亏了韦伯斯特，字母 z 才从英式的"zed"变成了美式的"zee"。

他写道："拼写是将单词分成恰当的音节以找到其正确读音的艺术。"他在写给老师的话中，常带着不耐烦的语气，仿佛有意惹人反对："抨击根深蒂固的偏见，反对主流观点，是相当困难且要冒风险的。"他道出了那些自视甚高的编辑们心中的挫败感和愤懑："打着创新的旗号，错误竟也变得神圣不可侵犯。"他在引言中严词谴责道："在 feeble、baptism、heaven 等单词中，半闭元音的发音是显而易见的。有些人觉得半闭元音不太好读，就将前面的 e 音完全发出，变成了 feebel、heaven 等。这个错误在婴儿期就应该纠正过来。"他的脚注也是言辞激烈的。他在"mercy""perfect"和"person"旁加上星号，并批评说："这些单词被粗俗地读作 marcy、parfect、parson 等，这是因疏忽养成的恶习，造成元音发音错误，张口过大，破坏了发音之美。发音不准确的人常把 r 前面的 e 误读作 a。因此我郑重请求留意这个问题。"

蓝皮书是针对学龄儿童的，我原以为从中学不到什么东西，只留心学生拼错哪些单词会惹韦伯斯特发火（殖民地时期的学童所犯的一些错误，如今的孩子也难免，如将"pumpkin"读作"punkin"、"chimney"读作"chimbley"）。但是一页页翻下去，我逐渐列出了一大串单词，都是我一直读错的，至少是在心里没读对的，其中很多是我从来没机会或没勇气念出声的。比如，现在已经没人说"huzza"了，我怎么知道它和"hurrah"一样，重音在最后一个音节呢？"Uxorious"的意思是"宠溺妻子的"，首字母 u 轻读，所以不能读作"you-xorious"。（我曾问一个已婚男士，有没有哪个词形容女人宠溺丈夫的，他说："有啊！Wonderful。"）还有，"elegiac"读作"e-LEE-gi-ac"？我总是念成"el-e-JIE-ac"，谁要是读成"e-LEE-gi-ac"，除非是开玩笑，我都会带着怀疑的目光瞥他一眼。"Chimaera"（源自希腊语）开头发"kay"音，重音在第二个音节，读作"chi-MAE-ra"，我总以为是"shimmera"，重音在第一个音节。虽然我的发音可能不对，但是更能体现词意：某种虚幻又有点丑怪的东西。

在读蓝皮书之前，我自以为对各种发音错误无所不知了。我已经掌握了三个以 D 开头的单词的发音："desultory"（"DEZ-ul-to-ry"，我总以为是"de-ZUL-to-ry"）、"disheveled"（是"di-SHEV-eld"而不是"dis-HEAV-eld"）和"detritus"（是"de-TRY-tus"而不是"DET-ri-tus"）。可现在我每天都有新的发现。在动画片《辛普森一家》（*The Simpsons*）中，丽莎听了霍默偷接有线电视的借口后说："爸爸，你撒谎（that sounds *spurious*）。"（"谢谢你，丽莎。"他答道。）与"curious"中的 *u* 一样，"spurious"里的 *u* 带 *y* 音，可我一直都读得像"spurs"的形容词。既然在查"spurious"的发音，我就顺便看了看定义和词源：意为"虚假的"，源自拉丁语的"杂种"。谢谢你，丽莎。

韦氏在线词典有一点值得一提：很多单词不仅注明了音标，而且附带图标，点击一下就能听到真人发音。以前我常嘲笑别人读错了词，其实人家明明是读对了的。要是早用的话，能为我免去多少尴尬啊！

◆ ◆ ◆

除了一开始编纂拼写书，律师工作磕磕绊绊，韦伯斯特还在乔治·华盛顿的特别指示下，创办了纽约第一份日报《美国智慧女神报》（*American Minerva*）。从报业退休后，韦伯斯特搬回康涅狄格州纽黑文市，买下正廉价出售的本尼迪克特·阿诺德（Benedict Arnold）故居，便投入美式英语词典的编纂中。本杰明·富兰克林（Benjamin Franklin）与韦伯斯特结识时已入耄耋之年，他提倡拼写改革，便鼓励这位后辈采纳自己的想法。富兰克林主张删除字母 *c*、*w*、*y* 和 *j*；修改 *a* 和 *u* 来代表不同的发音；采用新形式的 *s* 来表示 *sh*，将 *y* 变形取代 *ng*；调整 *th* 里的 *h* 以区别"thy"和"thigh"、"swath"和"swathe"的发音。假如富兰克林果真如愿，他就会成为美国的圣西里尔（Saint Cyril）——西里尔"完善了"希腊字母，创造了俄语中的西里尔字母（又称斯拉夫字母）——而美式英语看起来也会像土耳其语。

韦伯斯特听从了他的部分建议，但富兰克林曾经从英国引进了一本标准语法教材《迪尔沃思英语新指南》（*Dilworth's New Guide to the English Tongue*），不仅买下版权，还从中获利，韦伯斯特希望它能取代《迪尔沃思》。

韦伯斯特早先提倡删除不发音的字母。他有一本书的书名就叫《散文与逃亡作品选》（*A Collection of Essays and Fugitiv Writings*）[1]。传统主义者历来反对这种简化的做法，认为拼写中蕴含着极其丰富的历史：关于词源的草蛇灰线，以及拉丁语、希腊语、德语、巴斯克语或盎格鲁-撒克逊语的词根意义。在写出两卷本的扛鼎之作《美国英语词典》之前，韦伯斯特于1806年出版了一本《简明词典》（*Compendious*）[2]，尝试了音标拼写。"*Compendious*"听起来笨重而沉闷，词典上的定义却是"简明扼要的"。《简明词典》仅有一册，对37 000个单词提供了简短的定义，没有收录词源，也没有引用例句。[比如"skunk: a quadruped remarkable for its smell."（臭鼬：一种臭味昭著的四足动物。）]韦伯斯特在扉页上写道："在某些地方修正了部分拼写法。"（The ORTHOGRAPHY is, in some instances, corrected.）自此，一些新的拼写法流行开来：英式英语中的"gaol"在美式英语中改成了"jail"。谢天谢地。[至今看到奥斯卡·王尔德的《瑞丁监狱之歌》（*The Ballad of Reading Gaol*），我依然觉得它和"胆汁（gall）"和"阅读（reading）"之间有某种令人反感的联系，我倒并不是建议把它改成"Redding Jail"。]他删去了"mould"里的*u*。（凭此即可载入史册！）但是，韦伯斯特想让拼字与发音相称的很多尝试都不受青睐。有一

1. 该书全名 *A Collection of Essays and Fugitiv Writings On Moral, Historical, Political, and Literary Subject* (1790)。因为"Fugitive"的字尾 e 不发音，故韦伯斯特写作"fugitiv"。
2. 全名为《简明英语词典》（*Compendious Dictionary of the English Language*）。

位传记作家哈洛·贾尔斯·昂格尔（Harlow Giles Unger）写道："美国人宁愿用*ache*、*heinous*、*soup*、*cloak*和*sponge*，也不愿用*ake*、*hainous*、*soop*、*cloke*和*spunge*。删除不发音字母的结果同样是毁誉不一的。人们拒绝使用*ax*、*imagin*、*medicin*、*doctrin*或*wo*[1]。于是，韦伯斯特在后来的词典中把词尾字母*e*加了上去。"他也没能说服同胞"tung"是"tongue"的改良版。

到头来，韦伯斯特的拼写改革显得很保守。他删掉了"colour"和"flavour"等英式拼写中的字母*u*，去掉了"musick"和"traffick"词尾的字母*k*，且没用塞缪尔·约翰逊偏好的拼法。（约翰逊是韦伯斯特的偶像，他也确实仿效了约翰逊——何必另起炉灶呢？——不过他省略了复杂的部分。）他把"defense"和"offense"中的*c*改成了*s*，把"theater"和"center"中的*re*换成了*er*。其他改革则源自民间，当时人们已经用*k*取代"masque""risque"和"racquet"中的*qu*了。

在编写词典前，韦伯斯特花了整整十年工夫研习英语。他有一张半圆形的书桌，上面摆着24本词典。他研究了26种语言，包括拉丁语、希腊语、法语、德语、丹麦语、冰岛语、芬兰语、挪威语、阿拉伯语、希伯来语、梵语等。他常常查了一本词典，又翻开另一本词典，追溯他称之为"迦勒底语"（Chaldee）的共同词源，即巴别塔（Tower of Babel）时代前使用的通用语言。（韦伯斯特是一个重生的基督徒，深信圣经真理。）通过查找词源来确定真正的拼法，听来倒也可信，

---

1. 这些单词的字尾*e*均被删除，正确的拼法分别为*axe*、*imagine*、*medicine*、*doctrine*和*woe*。

但问题在于这是韦伯斯特是自己杜撰的。

"词源学"（Etymology）源自希腊语，意思是"根据词的来源研究字面意义"（*etymon*）的"学问"（*logia*）。[别和"昆虫学"（entomology）混淆了。] 它对拼写大有裨益。例如，人们有时会拼错"iridescent"（彩虹色的），这是编辑考试中经常出现的一个陷阱。《韦氏大学词典》对此下了生动的定义："因不同的光波折射（如油膜、肥皂泡或鱼鳞上）而产生的有光泽的虹彩，会随视角的不同而发生变化。"如果你看一看词源（寻根究底一番），而不只是记住如何拼写，就会发现"iris/irid"都源自希腊语的"Iris"，意即彩虹女神和诸神的信使。哇！我竟然像韦伯斯特一样，深入探究个中深意。说来似乎很神奇，这个词不仅出现在荷马史诗《伊利亚特》（*Iliad*）中，也让人联想到挪亚方舟（彩虹之约），让我想起小时候在克利夫兰看到的、令我惊喜的水洼（上面常漂着一层厚厚的油膜），也唤起了我对《麦田里的守望者》（*The Catcher in the Rye*）开篇几页中一个不可磨灭的场景的记忆：作者塞林格（Salinger）让霍尔顿（Holden）提到了"汽油彩虹"。不管怎样，一旦知道了"irisdescent"源于"Iris"，就再也不会拼错了。

◆ ◆ ◆

韦伯斯特在英国完成了词典的编写，备受排斥的他竟以为在英国出版的可能性更大些。1828 年，韦伯斯特的两卷本

《美国英语词典》在康涅狄格州纽黑文出版。他一编完词典，就着手翻译《圣经》。1843 年 5 月 28 日，韦伯斯特去世，葬于纽黑文市耶鲁校园附近的格罗夫街公墓（Grove Street Cemetery），旁边是发明家埃里·惠特尼（Eli Whitney）的墓。我曾拜访过那座公墓，一穿过宏伟的埃及风格大门，便如受到磁石吸引一般，径直朝他的纪念方尖碑走去。但是，要一睹诺亚·韦伯斯特的真正成就，就要去马萨诸塞州斯普林菲尔德市（Springfield，又译"春田市"）的康涅狄格河谷（Connecticut River Valley）。

韦伯斯特去世后，西布鲁克菲尔德的乔治·梅里亚姆和查尔斯·梅里亚姆（George and Charles Merriam）买下了《韦氏词典》的版权，并机敏老练地聘请了韦伯斯特的女婿、耶鲁大学教授昌西·古德里奇（Chauncey Goodrich）监管修订事宜。1847 年，单册的《韦氏词典》出版。位于斯普林菲尔德市的梅里亚姆 - 韦伯斯特大楼是一座坚固的两层红砖建筑，大门上方的浅浮雕中交织着韦氏的姓名首字母缩写"NW"，周围环绕着桂冠。一楼是业务与宣传办公室，玻璃展示柜里摆放着一本《简明英语词典》以及查尔斯·梅里亚姆收藏的原版韦氏两卷本《美国英语词典》。词典编纂室在楼上。若韦氏在世，定会高兴得手舞足蹈。二楼中央是引用文献资料库，有一个小果园那么大。剪报均按字母顺序排列，提供词汇的全部上下文，并印有日期和编纂者姓名的缩写。靠墙的书架上摆放着《韦氏足本词典》（1864 年起）和《韦氏大学词典》（1898 年以来）的所有版本，文献上方是词源参考书，有多卷本的《中古英语词典》，以及作家著作的重要语汇索引，如克里斯托弗·马洛（Christopher Marlowe）、赫尔曼·梅尔维尔（Herman Melville）、济慈（Keats）、乔伊斯（Joyce）等。四周是词典编纂者的办公室。编纂者们都各有专长（地理、宗教、法律、音乐、商标等），还有人负责定义（定义须经几位编辑审核后才能录入词典）、核实年代、交叉参照、确定发音和词源。

（起初，梅里亚姆兄弟还请了一位德国学者对韦氏伪造的词源进行校订。）有一间办公室收藏了 E. 沃德·吉尔曼（E. Ward Gilman）的黑皮笔记本，里面有他对《韦氏 3》做的笔记，还有满满一书架的惯用法手册。

正如梅里亚姆 - 韦伯斯特公司在其系列词典的版权页上标注的那样，任何出版商都可以打着韦伯斯特的名号宣传自家的词典，但是只有梅里亚姆两兄弟的公司与诺亚·韦伯斯特家族直接打交道，其他出版商就像打着 "Original Ray's Pizza"（Ray's 是纽约比萨界的传奇）旗号的比萨店一样，全都想靠它的名气大赚一笔。

在斯普林菲尔德，梅里亚姆 - 韦伯斯特公司的编辑彼得·索科洛夫斯基（Peter Sokolowski）领着我在办公室逛了一圈。他受雇编辑一本法英词典，后来就留下来了。他就是 *Merriam-Webster* 网站的幕后（也是在线）编辑之一。如今新版《韦氏足本词典》也上线了（该叫《韦氏 4》还是《韦氏 N 世》呢？），和原版一样采取订阅销售的方式。（价格比韦伯斯特在世时便宜多了。当时这套两卷本的巨著定价 20 美元，在 1828 年可是一大笔钱，而订阅《韦氏在线足本词典》一年仅需 30 美元。）在该网站上，词典编辑像地鼠一样出没，邀你学习语法和惯用法要点（如"It is I"与"It's me"的区别、"Hopefully"、"不带 ly 的副词"用法等）。有单词游戏、每日一词、热门词汇（源自新闻），还有博客。真是苦差事！这些人玩得这么开心，真不像是词典编纂家。免费的韦氏在线词典还邀你提交你要查的单词出处。说句不好听的，起初我对这种东西很反感。我查单词时，并不想跟人互动，只想和词典面对面。但是当我深入到词典编纂的腹地，目睹了餐厅的员工冰箱（一名负责核实年代的编辑不高兴地把我们赶了出来），我的心就被融化了。

"这里还有其他词典。"索科洛夫斯基坦白说。我注意到书架上有一本《芬克-瓦格诺词典》（*Funk & Wagnalls*）。他说，自 20 世纪 60 年代的词典大战之后，《纽约客》、《美联社》（AP）等美国各家报刊都舍弃了《韦氏大词典》，改用《韦氏新世界词典》（*Webster's New World*）。该词典由世界出版公司出版，办公地点是克利夫兰。我还记得有个球体从公司大楼侧面凸出来，开车左转，刚一进西大道，就能看到那座标志性的建筑。如果想在当地从事出版业，除了《克利夫兰诚报》（*Plain Dealer*）外，那里就是唯一的选择了。我以前当验脚员时，去游泳池的路上常常从那儿经过。

◆ ◆ ◆

拼写是单词的衣着和外在表征。即便是日常生活中爱穿运动裤的人，也希望自己写文章时能给人留下美好的印象［用意大利语说，就是 bella figura（美形主义）］。拼写错误有损你的威信。擅长挑错字能让你在职场上占一定的优势。我在《纽约客》的第一次契机，就来自一次拼写错误的发现。海伦·斯塔克说得对，我在书库编辑部果真闲不住。我们把杂志"拆"了——从字面上说，我们确实用了刀片；从比喻意义上说，是对内容进行拆分，并在索引卡上写下摘要——我也想帮忙做编辑工作。当时有个非正式的培训课，海伦便同意我每周抽几天早上到 19 楼去帮忙校对清样（foundry proof）。戴夫·杰克逊（Dave Jackson）是清样校对的负责人，很多校对员刚来时都和他共事过。他瘦高个子，面色红润，一口牙齿很适合狞笑，看上去像演员诺埃尔·考沃德（Noël Coward），只是落魄了点。他在排版室旁一间狭窄的办公室工作。之前，他和助理的办公桌都还放在排版部。清样校对是付梓前的最后一次校对。戴夫让我坐在一张桌子前，桌上有一块像画板一样的木板，然后给我示范如何比对校样：将前一天标好的修订处与新校样逐行对照，以确保该修订的没改错。如果没有任何改动，也不用重排页码，只需确保无漏行即可。连稿子都不用读，说白了，没人想听你的意见。整个过程非常机械化：把旧校样纵向折叠，字栏与新校样对齐，逐行向下移动笔尖，只用盯住每行开头的几个字母就可以了。我却总是整行通读，试图揪出打字错误。

"看来你还发现'idiosyncrasy'拼错了。"戴夫赞许地说，言外之意是只有少数人知道"idiosyncrasy"字尾前是 s 而不是 c。有一次，他说 V. S. 普里切特（V. S. Pritchett）是一名

优秀的作家 [按照《纽约客》的惯例，"marvellous"（优秀的）要双写 *l*]，但是拼写糟透了，比如他把"skeptical"拼成了英式的"sceptical"。戴夫一说起这些事，就一副凶巴巴的表情。他教导我，"over all"作为副词，应该分开写，例如"Over all, Dave gave me a good education."（总的来说，戴夫教会了我很多东西。）连在一起的话，"Overall"是指汽车修理工穿的工装连体服。同样地，在"What *ever* happened to Baby Jane?"（珍妮宝贝到底怎么了？）一句中，"what ever"要分开写；"Whatever"连在一起是个代词，如"Whatever you do, don't introduce a mistake."（做什么都行，就是别出错。）

戴夫的办公室塞满了购物袋，袋子里装满了书。防火检查员去他的公寓检查时，认定那里有火灾隐患。于是，他每天从上西区的公寓里，把满满一袋书搬到办公室。一天，他送我一本在街头书摊买来的平装版《呼啸山庄》（*Wuthering Heights*），面带"凶相"地咧嘴笑着说："我已经有一本了，可我不忍心让它流落在外。"

作为清样校对员，我在某年圣诞节的购物专栏里第一次揪住了一个大错。作者写到她在布鲁明戴尔百货店（Bloomingdale's）采购主食，清单袋里有糖和"花"（flower）。我把这个词里的 *we* 圈起来，拖到页边的空白处，建议改成 *u*，并按要求在旁边打了个问号。这个问号很有必要，不是因为不确定作者想用"flour"（面粉）还是"flower"，而是因为我在原校样上有所添加，也就是校勘人员可能疏漏的。如果是排版人员出了错，你改过来，那没问题。但是如果问题留了下来，清样上的问号就提醒编辑和校对员可能有疏忽。这个问号可能被删掉并接受修改，也可能一并删除，不接受修改。问号是用来给修订顺序分层，以追踪在哪个阶段做了修改，又是谁做的修改。不加问号的话，这种更改会在未经主管审核的情况下修改，然后直接付印。因质疑而暴露自己的无知确实很蠢（我也曾做过这样的蠢事），但是不加问号，擅自做出原本没有的修改，则无异于职业自杀。

戴夫·杰克逊检查了我的校稿，用铅笔把"flower"整个画掉，拉出一条线拖到页缘，写下"flour"，使我原本怯生生的标记变得更加醒目，然后在右上角用力地写下我的姓名首字母：MN。

揪出这么明显的错误，让我激动不已，可是一看到我的姓名缩写又泄了气。还有比这个字母组合更呆板的吗？我一直把姓名缩写成MJN，自认为这样更优雅。笔名我打算用M. J. Norris，只希望没人能猜出中间名是Jane。但我没勇气去纠正戴夫·杰克逊。就这样，他掐掉了我的中间名，让我接受洗礼，融入了《纽约客》的文化。

我又回到书库，重新面对我的糨糊罐、单刃刀片和特制的白墨水笔，笔是用来把作者的姓名用粗体字写在黑色剪贴簿的书脊上的。揪出别字让我很自豪，但是我得按捺住兴奋之情，因为在书库就不怎么需要我动脑了，工作性质与我在幼儿园做的极其类似（只不过当时用的是钝刃剪刀）。我只能走到街对面的阿岗昆饭店的酒吧里，点了啤酒和花生米做午餐，以示庆祝。那周晚些时候，我收到一封公司内部的短笺，上面写着："我感谢你，作者感谢你，埃莉诺·古尔德（Eleanor Gould）感谢你，校对人员、核查人员感谢你，是你发现了我们的集体疏忽：圣诞食物采购清单上的'flower'应该是'flour'才对。"末尾草草地签着姓名缩写 GB，是活泼风趣而不失威严的编辑加德纳·博茨福德（Gardner Botsford）。上班第一天，排版部门的人就给我讲过他的事迹。这封短笺让我高兴极了，这可是我首次纠错。

第二章 那个巫婆！

我老是忘了一般人都把文字编辑想象成巫婆，所以每次有人怕我，我都很惊讶。不久前，有个年轻的助理编辑第一次来《纽约客》参观时，站在我的办公室门口等人介绍，一听说我是文字编辑，她便惊退一步，好像我会用烧红的连字号戳她，或是逼她吃下一斤逗号。我想说，别紧张。我没有纠正别人说话或写文章的习惯，除非要出书、受人所托或有钱可赚。

外人有时会认为，我们文字编辑总想扭转乾坤、恣意修改文章。文字编辑的形象不外乎是一个严格追求行文一致的人，一个喜欢挑别人毛病的卑鄙小人，一个在出版业刚起步、急于表现自己的无名小卒。或者，充其量是一个满腹苦水、失意受挫的人，本想当作家却不幸身陷琐碎的文字工作，只能扶持其他作家的事业。这些角色我好像都充当过。

但是优秀作家都有自己的写作风格，且有正当的理由。如果你把他们的作品乱改一通，把一个不太寻常的用法改成惯常用法、删掉一个逗号、将作者刻意模糊的内容明晰化，并视之为己任，你就是在帮倒忙。依我的经验，真正伟大的作家享受编辑的过程。他们会斟酌编辑提出的问题，无论是接受还是拒绝，都有充分的理由，而不会存有戒心。毕竟作品出版前先让编辑过目，为的就是测试普通读者的反应。就好比出门前要确认领口的标签有没有露出来，当然，除非你故意把衣服穿反。

菲利普·罗斯（Philip Roth）的长篇小说《我嫁给了共产党人》（*I Married a Communist*）的前几章在《纽约客》连

载时，我负责校勘。稿子堪称完美，部分原因是我们拿到的是原书的校样，霍顿·米夫林出版公司的文字编辑们已经审过了。稿子到了这个阶段，作者、经纪人和编辑们一个字都不想改了。我却倾注全力，认真检查了一遍：出版社的编辑部和我们一样，有时会有疏漏。我碰巧留意到引自某本儿童历史书的一段话与原文有一处小小的不一致。这段引文很长，用小号字体以示区别，结尾虽重复了一遍，内容却稍有不同。我把它标注出来，将我的校样交给小说编辑比尔·布福德（Bill Buford）。后来，比尔的助理三步并作两步地跑上楼来，把我的校样首页的一份彩色影印件递给我，上面有布福德用蓝色笔写的字："罗斯说，'这位玛丽·诺里斯是谁？她愿意过来和我一起住吗？'"

　　在那之前，我只读过罗斯的《再见，哥伦布》（Goodbye, Columbus）和《波特诺伊的怨诉》（Portnoy's Complaint）。《鬼作家》（The Ghost Writer）在《纽约客》连载时，海伦·斯塔克激动不已，把编制索引的工作留给自己做。如今，我买了《我嫁给了共产党人》的电子书，在从俄亥俄州开车回来的路上听。书是演员罗恩·西维尔（Ron Silver）朗读的，听到那令人欣喜若狂的段落，那段将星星比作火炉，将艾拉（Ira）和伊芙（Eve）比作火炉的文字，是那么温暖而热情，我激动得差点开车冲出路面。这本书也很有趣：男主人公被迫拖着女友的女儿的竖琴满镇子地跑。我家里就有一个竖琴手，所以我知道竖琴多让人头痛，演奏竖琴一点都不美妙。随后，我读了一年罗斯的作品：《遗产》（Patrimony）、《事实》（The Facts）以及所有以朱克曼（Zuckerman）为主人公的小说。《退场的鬼魂》（*Exit Ghost*）一出版，我就回头读《鬼作家》。当时我在阿姆斯特丹旅行，看到了安妮·弗兰克（Anne Frank）住过的房子，重读了她写的日记，住的旅馆则是第二次世界大战时被烧毁的房屋原址。我很遗憾再也没有罗斯的新书可以读了。

我倒是和罗斯通过一次电话，讨论他评述索尔·贝娄（Saul Bellow）的一篇文章，还在《纽约客》举办的一次圣诞派对上见过他。自从他在版面校样上提议我搬过去之后，我就迷上了他。我猜他需要的只是一名管家，帮他打理日常琐事。但是万一他能看到这段话，我想说："我还单着哪！"

◆ ◆ ◆

有个又长又怪的单词叫"ultracrepidate"，意为"超出自己的职责范围"，在《韦氏 II》上能查到。同样，文字编辑工作的要义就是不要超出自己的职责范围（即 anti-ultracrepidationism）。作家们也许以为，我们拘泥于条条框框，并套用在他们的文章上，使之符合某种标准。其实我们也常常不插手、不干预、允许破例，至少试着在过度作为和不作为之间找到一个平衡点。文字编辑的许多决定都很主观，比如一个经常遇到的问题：是用"that"还是"which"？这得看作者的用意，要加以诠释，而不能机械判断。

试想一下诗人狄兰·托马斯（Dylan Thomas）的名句："The force that through the green fuse drives the flower."

（通过绿色导火索催开花朵的力量。）以此句为例有失公允，因为，首先，这是一句诗，并非所有人都有狄兰·托马斯的文采（或酒量）；其次，没人记得接下来是什么。完整的诗句是：

The force that through the green fuse drives the flower
Drives my green age.

通过绿色导火索催开花朵的力量
催开我绿色年华。

写得令人惊艳！虽然是一句诗，而且引用过多会混淆主题，但是仍可用来判断该用"that"还是"which"。如果由关系代词"that"或"which"引导的短语或分句对整个句意至关重要，则使用"that"更好，而且先行词后不加逗号。二流诗人可能会写成："The force which through the green fuse drives the flower"（读到这句诗的读者会嗤之以鼻），或是更不济的"The force, which through the green fuse drives the flower, / Drives my green age"（这位作家的诗永远也发表不了，除非请一位优秀的文字编辑）。少了"that through the green fuse"，"The force"就失去了意义。去掉它，就只剩下"The force … drives my green age"，不由得使人纳闷，是什么力量？哪种力量？我们难道在看《星球大战》（*Star Wars*）吗？"愿原力，通过绿色导火索催开花朵的原力，与你同在。"[1] 我可以想象这话出自比尔·莫瑞（Bill Murray）[2] 之口，而非狄兰·托马斯或绝地武士欧比旺·克诺比（Obi-Wan Kenobi）。

我尽量不使用"限制的"（restrictive）这个词，因为任何与之有关的事情都令人扫兴。穿着可以限制，饮食也可以限制，而限制性法规不准你在肯尼迪机场跑道附近钓鱼，也不准在救生员不在时去海里游泳。在《韦氏词典》中"to restrict"的定义是"局限在一定范围内"（to confine within bounds）。不知道你怎么看，反正我很烦各种规定。

就连词典中用来说明"限制性从句"（restrictive clause）的例句都令人不快。《韦氏词典》以"that you ordered"为例，给出的例句是："你订的书绝版了（The book that you ordered is out of print）。"噢，不要啊！《兰登书屋大学词典》（*Random House College Dictionary*）对限定语法的定义稍微正面一点："确认或限制被修辞语意义的单词、短语或从句（of or pertaining to a word, phrase or clause that identifies or limits the meaning of a modified element）。"但紧接着又给了一个令人不快的例子："如'The year that just ended was bad for crops'（刚结束的这一年农作物歉收）一句中的'that just ended'。"真倒霉！先是想买的书绝版了，现在玉米价格又要暴涨了。

我并不想把这摊浑水搅得更浑，但也别假装很好懂。《兰

---

1. "愿原力与你同在（ May the Force be with you ）"是科幻电影《星球大战》中的一句经典台词。此处是对该台词的戏仿。

2. 比尔·莫瑞，著名喜剧演员。

登书屋大学词典》对"非限制性从句"的定义是："描述或补充被修饰语的单词、短语或从句，对确定本体并非必不可少，如'This year, which has been dry, was bad for crops'（今年气候干旱，对农作物不利）一句中的'which has been dry'。在英语中，非限制性从句通常用逗号隔开。"这个定义解释得清楚极了，就是"我们还是遭了旱灾"。

你看出"The year that just ended was bad for crops"和"This year, which has been dry, was bad for crops"之间的区别了吗？有了"this year"，我们已经知道作者所指的是哪一年；写成"This year was bad for crops"，意思也非常明确。你也可以写"The year was bad for crops"，但是有上下文的话，你得知道具体是哪一年，加上"that just ended"便确定了年份。

"非限制"听起来比"限制"顺耳多了。我喜欢不受限制的衣着和食物。《韦氏II》对"非限制性从句"的定义是："用于补充信息的定语从句，但与先行名词联系不紧密，所以对确定该名词的意义并非必不可少，如'the aldermen, who were present, assented'（市议员出席，并表示赞同），也称为描写性从句。这类从句会用逗号隔开，而与之对应的限制性从句则没有逗号，如'the aldermen who were present assented = such aldermen as were present assented'（在场的市议员表示赞同）。"当然，可笑之处在于定义本身用了"which"（an adjective clause *which* adds information），而现代标准美语则倾向于使用"that"，即"an adjective clause *that* adds information"。

一说到"限制"，我总要思量一番。你以为"限定"就要加上逗号，把从句限定在内，与其他句子成分区别开来。但事实恰好相反：限制性从句与其修饰的名词密不可分，不需要任何标点符号来占位。逗号最初就是用来切分的，限制性从句则不需要与其修饰的名词切分开，而是想与它合二为一、融为一体，成为不可或缺的一部分。一旦你明白了什么是限定，如"She was a graduate of a school that had very high standards（她毕业于一所门槛很高的学校）"，其他的就都属于非限定了，如"He graduated from another school, which would admit anyone with a pulse（他毕业于另一所学校，那所学校几乎来者不拒）"。

人一紧张，有时会在本可以用"that"时用了"which"。政客们常常把"which"挂在嘴上，而不说"that"。作家也可能会使用"which"而不是"that"，这也没什么大不了的。该用"which"时却用了"that"，那就糟糕了。显然英国人更常用"which"，也不觉得有什么不妥。美国人则一致认为，限制性从句用"that"，非限制性从句用"which"，并用逗号隔开。这样还蛮好区分的。

关于从句，有一个极好的例子，说起来人人皆知，它既可以是限制性的，也可以是非限制性的，那就是《圣经》里的这句："Our Father, who art in Heaven."（我们在天上的父。出自《马太福音6: 9》）这句话里的"who art in Heaven"是限制性还是非限制性的呢？上帝到底在哪儿？我觉得是非限制性的，"who"前面应有个逗号；也就是说，从句"who art in Heaven"并不对上帝进行界定，只是说明他住的地方。就好比插入"by the way"也行，即"Our Father, who, by the way, resides in Heaven"，只不过"Our Father"成了呼语，也就是直接称呼，这时就不必说明上帝在哪里。在原文的语境中，耶稣教导门徒如何祷告。如果没有逗号，言外之意就是祷告的人中有另一位天父（约瑟？）。由此看来，基督是把"who art in Heaven"作为限制性从句的，以区别天上的父和地上的父。暂且把神学搁在一边，我可以对我的兄弟姐妹们说："我们在克利夫兰的父亲。"大家都懂我说的是我们唯一的父亲，住在克利夫兰。《古希腊语新约》没有加逗号，这句话在译文中的意思向来莫衷一是。而圣哲罗姆（Saint Jerome）翻译的拉丁语版中，是"*Pater noster, qui es in caelis*"，用的是非限制性从句。有没有逗号都能听出来。1662 年版《公祷书》（Book of Common prayer）的英文翻译为"Our Father, which art in Heaven"，也是非限制性从句。多谢英国国教徒用了"which"，虽说后来改成了"who"。这里的上帝是造物主，是用作比喻意义的天父，按照一神论的传统，他是独一无二的。但是，1988 年后的现代英国国教版《圣经》，却简单地译为限制性的"Our Father in Heaven"，指我们在天上的父，而非在地上的父。而 1928 年现代英文《圣经》，无论是天主教还是英国国教版，都不加逗号："Our Father who art in Heaven"。这确实有点怪：不加逗号的限定性用法更为直接，甚至大有冷落地上的父的意味；而加上逗号的非限定性用法则承认他是所有人的父，并指明了他的住处。

我不信教，但这颇有几分神秘感，不是吗？

◆ ◆ ◆

　　第一次在《纽约客》纠错之后，我就黏上了好友南希·霍利奥克（Nancy Holyok）。她是我在书库编辑部认识的，由此开启了戴防滑指套工作的姐妹情。她升职做了核对（collating），而我在编了 3 年索引后，终于有机会和她在同一部门工作。所谓核对，就是在付印前，把编辑、作者、校对员（通常有两名）和事实核查员所做的修改，誊写到干净的校样上。我生来不擅长这一行：因为字要写得清晰易懂，而我从三年级开始，字就越写越差了。

　　做核对的好处是能了解整个杂志社是如何运作的，它是一切工作的交汇点。通过誊写校对员的修改，我了解了他们所做的工作。我曾因删减了诽谤罪律师提出的冗长乏味的疑问而惹上了麻烦（他们应该做个橡皮图章才对）。我也学会了《纽约客》的体例风格，例如数字要完整地写成"three hundred and sixty-five dollars a week"（每周三百六十五美元）。"可是这样写不对啊。"我在受培训时对南希说。根据我写支票的经验，正确的写法应该是"three hundred sixty-five dollars"，不加"and"。南希答道："可我们就是这么写的。"听起来有点傲慢，但是她说得很清楚，如果我不照做，那就别想混了。南希问我："想知道你哪里出错了吗？"我说想。原来我看错了某位核查员的校样，在本该合并起来的单词中间加了个连字符，让我好不懊恼。做核对时，我学会了把稿子检查三遍，先是一页一页地逐行检查；看完之后再逐行通读一遍；最后再按部就班地检查一遍，只看有改动的地方，目光从页面上方开始，顺时针移至右边边缘、页面下方，再扫向左边。你得承认自己可能有疏漏，否则就很难揪出错误。

核对部门主任埃德·斯特林厄姆（Ed Stringham）当时已在《纽约客》任职数十年，伏案工作太久，背都驼了。他经常下午三点左右来上班。他有一项野心勃勃的阅读计划，都写在一本本黑白写字簿里。读书之余，他还关注时下有趣的、不同文化背景的艺术和音乐。他从希腊作品读起，接着读罗马作家，有条不紊地读遍了欧洲各国作品：从法国到德国、西班牙、冰岛、挪威、瑞典、丹麦、法罗群岛等。他尤其喜爱东欧国家的文学，如波兰、捷克斯洛伐克、匈牙利和罗马尼亚。他对《纽约客》厌倦了。如果杂志上刊登了他特别想读的作品，例如瑞士作家马克斯·弗里施（Max Frisch）的中篇小说《人类出现于全新世》（*Man in the Holocene*）的英译本，他就等单行本出了再读，因为《纽约客》上用 12 号 Caslon 字体印的任何文章都让他提不起兴致。送到办公室的所有稿子他都要分摊，哪怕只有两页；长篇的稿子就用长除法平分。工作完成后，他就待在办公室，坐在那张桌面倾斜的大书桌（很像绘图桌）前，或窝在一把破旧的扶手椅里读书，一边抽烟，一边往外带咖啡里放糖，撒得杯子周围都是糖粉。我呢，作为他的助理（同事们常戏称我为他的"合伙人"），就在旁边小隔间的桌前工作。他颇像美国作家杰·麦克伦尼（Jay

McInerney）的小说《灯红酒绿》（*Bright Lights, Big Cities*）里鬼魅般的作家：面色苍白、一头白发，夜里在走廊里游荡。在美国作家杰克·凯鲁亚克（Jack Kerouac）的《达摩流浪者》（*The Dharma Bums*）里也能找到他的影子。他在哥伦比亚时，就认识了凯鲁亚克和金斯伯格（Ginsberg）。一两杯酒下肚，他就开始说"懂不懂啊，老兄"之类的话。

核对工作的最大挑战就是所谓的古尔德校样。传奇人物埃莉诺·古尔德是《纽约客》的语法学家兼质疑校对员（query proofreader）。她是个公认的天才，不仅是门萨（Mensa）高智商俱乐部的成员，而且是门萨内的精英会员。肖恩先生对她绝对信任。所有校样都由她过目，只有小说除外。据我所知，她多年前就已放弃小说，因为她对所有作家一视同仁，无论是马塞尔·普鲁斯特（Marcel Proust）、安妮·普劳克丝（Annie Proulx）、纳博科夫（Nabokov）还是马尔科姆·格拉德威尔（Malcolm Gladwell）。她将明晰奉为圭臬，把《福勒现代英语》（*Fowler's Modern English*）[1] 当作《圣经》。她看过的校样上满是铅笔画线，看上去像非洲人的脏辫。有些核实项长达90栏，肖恩先生照单全收。在埃莉诺·古尔德的质疑中，我最喜欢的一条是针对小朋友圣诞礼物的文稿：作者老生常谈地说，每个拉格弟安布娃娃（Raggedy Ann Doll）的小木头心脏上都写着"我爱你"。埃莉诺在页边写道"没这回事"，因为她小时候给自己的布娃娃做过开心脏手术，亲眼看见那颗心上什么也没写。

---

1. 该书全名为《福勒现代英语用法》（*Fowler's Modern English Usage*）。

露·伯克（Lu Burk）的办公室在埃莉诺的旁边，桌子正对着墙，墙上贴着詹姆斯·瑟伯（James thurber）用铅笔画的一张自画像、一名足球运动员和一个趴在打字机上的男子。她是校对员，并以此为荣。那时她常说："可不是人人都能当校对的。"露以前在《生活》（Life）杂志工作，到了《纽约客》则负责校对小说。她重视作者的个性话语甚于用法的正确性。她还编辑漫画标题和新闻要点（《纽约客》上用来填补栏目空隙的短篇，在拿其他刊物的纰漏开涮的同时，也让我们对自己犯的错误深感不安）。有件事让我记忆深刻，某读者在一封来信中只打印了一句话："《纽约客》的光荣岁月一去不复返了吗？"随信附了一张剪报，其中"chaise longue"（躺椅）被误拼成"chaise lounge"（我们在俄亥俄州就是这么拼的）。露用她爽利而独特的字迹，加上了自己的评论："确实一去不复返了！"然后把信给大家传阅。从此我再也没犯过同样的错误。

露脚蹬"地球"牌负跟鞋，身穿长袖套衫和蓝牛仔裤，戴着耳钉。她留着灰色短发，一双蓝眼睛，目光敏锐。她如典狱长般在走廊里巡视——仿佛看得见她腰侧挂的钥匙串——编辑部里新来的都怕她。她有着珠宝商的眼力，桌子上老放着一只放大镜，还有一个小罐子，盖上有孔，和比萨店里的红辣椒瓶一般大小，用牛皮纸包着。她在纸上画了很多逗号，还写着"逗号调味罐"（Comma Shaker）的字样。这是她对《纽约客》"紧密的"标点使用风格的看法：她认为逗号被滥用了。她不用《福勒现代英语用法》做参考，而是偏好另一本轻薄的小书《注意停顿》（*Mind the Stop*）[1]。她觉得《纽约客》的某些体例要求很荒谬，例如我们习惯在国际商业机器公司（I.B.M）的字母之间加点，而 IBM 公司自己早就不这么写了。又如在时代公司（Time, Inc.）中间加上逗号，仿佛无视该出版公司自身的惯例 [而且与"墨水"（ink）形成双关]。不过当时也只有《纽约客》这么坚守原则了。

露几乎方方面面都与埃莉诺截然相反，她绝不会做任何"死板的修改"。埃莉诺可能会按照自己的逻辑修改句子；露却信马由缰。另一位同事爱丽丝·奎因（Alice Quinn）曾跟我说过露曾给她解释过这个编辑步骤："爱丽丝，首先我们要移开大石头，然后捡出小石子，最后淘去沙粒，作者的风格就会浮现。皆大欢喜。"我能想象出露用她那双敏锐的蓝眼睛，凝视着爱丽丝的模样，仿佛以吓唬小孩为乐。她的校样一如她的举止和字迹，清爽利落而有说服力（没错，她很霸道）。如果你把稿子放到她的桌上，想问个问题，可能是某个不明显的先行词，她的视线会落在一个离谱的错误上，然后指着拼错的"memento"（纪念品），说："把那个 *o* 删掉。"

核对工作唯一需要运用判断力的时候，就是当作者和校对员的意见不一致，而编辑又没有明确表示倾向哪一种修改，或者作者或核查员添加了内容，还没有经编辑们审阅，所以必须按照体例进行调整之时。在我最早做出的若干决定中，有一个是如何编辑"copy edit"（审稿）这个词，我把它合

---

1. 该书全名为《注意停顿：标点符号用法指南》（*Mind the Stop: A Brief Guide To Punctuation*），戈登·维洛·凯里（Gordon Vero Carey）著，1971 年 2 月企鹅图书有限公司出版。

并成"copyedit"。第二天，埃莉诺·古尔德不仅在校样中撤回了我的修改，还给我发了一条内部通知：从今往后，作名词时是两个词，即"copy editor"；作动词时要加上连字符，即"to copy-edit"。说来也怪，每次我凭直觉做出的决定，都与埃莉诺·古尔德的做法相左。

核对工作的最大雷区来自作者校样，因为此时核对和审稿（作动名词时是两个单词，即"copy editing"）工作有重叠。我的工作就是依葫芦画瓢（还要字迹清楚）地把校样誊写下来——我是个抄写员——而不能改正或破坏原文。不过，我当然不能照抄错误。如果我在括号里突兀地插入一个问号，大家都会纳闷它是从哪儿来的。更正拼写是一回事，如确保单词"annihilate"（毁灭，消灭）中有两个 n，但是判断作者的意图是另一回事，比如看到他形容某事物是"immanent"（内在的，固有的），就要考虑是错词呢，还是有某种哲学立场。我还没遇到能清楚地理解"immanent"词义的用法时，我拿这个问题去请教埃莉诺·古尔德，她读罢，用略微刺耳但又亲切的声音说："我觉得应该是'imminent'（临近的）才对。"

我经常会遇到以前从未见过而词典上又查不到的词。但并不意味着世上没这个词，只是我没看到，也许是我不想看到而已。以前我性格多疑，自尊心又强，以至于认为如果从未见过某个词，那它就不存在。某年的圣诞食物清单上，作者列了"a terrine of foie gras"（一罐鹅肝酱）一项。我从来没见过"terrine"（陶罐）这个词（更不用说一罐真正的鹅肝酱了），词典里也查不到，"韦氏小红书"和足本词典里都没收录。于是我把它改成了"tureen"（有盖汤碗），这跟改成"punchbowl"（潘趣酒碗）一样没区别。就算我家里不怎么吃肉酱（pâté），也不能以此为借口 [我家餐桌上最高档的食物就是 Brown'n Serve roll，我们称之为"焦黑面包"（Black'n Serve rolls），因为妈妈总把它们烤焦。读大学时，我曾对朋友抱怨餐厅的黄油味道很怪，结果才知道我是吃人造奶油长大的，被对方无情地嘲笑了一番。] 好在核对部门为数不多的几个人，包括作者，次日都看了校样，最后杂志上刊出的单词依然是"terrine"。

◆ ◆ ◆

当我终于坐上了编辑的位子后，有很长一段时间，我都无法为了消遣而阅读。一看到文字，我就不由自主地开始审校。我有一本福克纳的平装版《村子》（*The Hamlet*），书里的打字排印错误连篇，简直把主人公弗莱姆·斯诺普斯（Flem Snopes）给毁了。但是当我放松地坐在编辑办公桌前，有时甚至能自得其乐。有些作者写得不怎么样，却又无从修改，就像花样滑冰运动员拿到了所有的技术分，却缺乏艺术感染力，衣服穿得也不好看。有些作家很有才华，题材也吸引人，对拼写和标点却马虎大意，让人无法保持专注。而有些作家的散文精雕细琢，如约翰·厄普代克（John Updike）、宝琳·凯尔（Pauline Kael）、马克·辛格（Mark Singer）、伊恩·弗雷泽（Ian Frazier），让我不敢相信自己还能领着工资来读这样的佳作！这类文稿反而难度最大，因为它们让我陶醉其中，超脱于编辑办公室之上。读到这么完美的手稿，很难对要修改之处时刻保持警惕，但是如果有所疏漏，也不能以此为借口。我唯一能做的就是让拼写符合体例，但即便如此也令人焦虑。奥利弗·萨克斯（Oliver Sacks）[1] 就很喜欢"sulphur"（硫黄）和"sulphuric"（硫黄的）的拼法，他记得小时候做化学实验时就是这样拼的（《纽约客》的拼法比较俗气："sulfur"和"sulfuric"）。早先，我给诺拉·艾芙隆（Nora Ephron）的一篇文章审稿。篇名是《亲爱的常飞乘客》（Dear Frequent traveler），这本书是对飞行常客规定的戏仿。《纽约客》是要双写 l 的，我怀疑航空公司不会这么写，单写 l 更像是公司的做法。于是我就没去管它。露·伯克走到我身后，双写了 l，嘴里可能还咕哝着文字编辑不顶用的话。我工作得再认真也得不到她的赞赏。

当宝琳·凯尔用了"prevert"而不是"pervert"（性变态），她确实想用"prevert"［除非她评论的是雅克·普莱维尔（Jacques Prévert）的作品］。好在她人很善良，要是你改了，她会改回来，保留不变，而不会抓住你的小辫子不放。凯尔常常到收尾前一刻还在改稿。虽然我们这些跟班很讨厌作家把"doughnut"（甜甜圈）改成"coffeecake"（咖啡糕），然后又改回去，不停地改来改去，这样会增加我们的工作量，但凯尔总是越改越好。有次她到排版部找我，手里拿着一份

1. 奥利弗·萨克斯（1933—2015 年），神经病学家、科学史学家、作家，被《纽约时报》誉为"当代医学的桂冠诗人""20 世纪伟大的临床作家之一"。常年为《纽约客》专栏供稿。

校样。她不知道某处怎么修改才好，而附近只有我一个人可问。我们是在 18 楼的女卫生间里聊天认识的。我看了看校样，提了个建议，她很高兴。"你帮了我大忙！"她松了口气。

约翰·麦克菲的地质学系列文章排版时，我正在编辑办公桌前坐班，负责审校《可疑地形》(In Suspect terrain) 一文，写的是 80 号州际公路 (I-80)。这条路我再熟悉不过了：它连接了俄亥俄州和乔治·华盛顿大桥，一头是我父母家，一头是我的独立生活地。80 号州际公路修了很久才完工。1970 年我第一次来东部的新泽西州上大学时，我和父亲走的是宾夕法尼亚州收费高速公路。看到诺里斯镇的路标，我们忍不住下了高速，在普鲁士国王汽车旅馆过夜，吃霍恩与哈达特(Horn & Hardart)自动售货机里的食物（我喜欢自动售货机，迷你小窗后面有各式各样的三明治和馅饼切块可选，投币后就可打开）。第二年，80 号州际公路就通车了，一直延伸到特拉华水峡（Delaware Water Gap）。我们在那里停车，吃妈妈打包好的三明治。此后我在那儿停留了很多次，却再也找不到我和父亲第一次无意中停靠的地点——从路边就可以看到的壮丽风景，也有可能是我觉得风光不再。80 号州际公路每年都往东增建，到后来我都不用走沿着特拉河修建的 46 号公路。当然，现在我喜欢开下 80 号州际公路，寻找穿越新泽西州的新路线。

给麦克菲校稿时，我要努力保持头脑冷静，因为要改的不多。麦克菲和约翰·厄普代克一样，交的稿子完美无瑕，而他的编辑派特·克罗，就是在电梯里遇到的穿绿色胶鞋的那位，也是既利落又果断。说真的，我只用读一读就好了。我之前就听说麦克菲会把手稿和校样进行比对，所以《纽约客》做的任何修改他都了然于心。我只用查查词典，检查拼写（虽然总是拼写无误，但这是我分内的事），决定合成词加不加连字符，加了连字符的单词是该合并起来、拆分为二还是保留连字符。"Interstate 80"中的首字母大写，"I-80"加上连字符，"the interstate"全部小写，这些都在我的职责范围内。

但是在《可疑地形》的第二部分，有个句子让我觉得可能有一处错误：

> But rock columns are generalized; they are atremble with hiatuses; and they depend in large part on well borings, which are shallow, and on seismic studies, which are new, and far between.

我内心的编辑之魂摩拳擦掌、跃跃欲试，我也想大显身手。我不准备动那个逗号，但是迫不及待地想把"new, and far between"改成"few, and far between"（稀少，罕见）。这样我就能让麦克菲免犯一个大错！可是在我读完之后，还有很多比我更优秀的人等着看稿，埃莉诺·古尔德打头阵，最后由一批校对员收尾。他们不会以为"new"是"few"打错了，如果真的有疑问，可以通过编辑请作者答疑，也不会伤了和气。但是当时的我一门心思地想纠正这个陈词滥调里的小差错。我记得那天是星期五，因为我知道如果改了，我整个周末都将生活在可能误判的阴影中，说不定很快就确定是我错了，而且一错错俩：一是逾越了自己的职责范围，二是把错误移入了麦克菲精心锤炼的文字。

于是，我按捺住手痒痒想用铅笔修改的冲动，心安理得地度过了周末。当我走出办公室，想到没去改它，我顿觉释然。我怎么会以为麦克菲拼错甚至打错了"few"这个单词呢？

◆ ◆ ◆

另一个需要判断的常见问题是悬垂分词。在这种情况下，要么修改句子的主语使之与分词搭配，要么给分词短语加上动词，让它变成从句。

我最喜欢的一个悬垂分词的例子，是称重站路标上的文字："Trucks Enter When Flashing"。分词短语通常修饰主语，所以我们都知道这句话的意思是"灯闪时卡车必须进入"，可是在语法上却是卡车在闪灯。当我四处搜寻使用正确的分词时，突然想到一个画面：一条用作诱饵的米诺鱼在鱼钩上扭动着，在要钓的鱼游近时，它可能会说："Looking up, I noticed I was bait."（往上一看，我发觉原来自己是鱼饵。）明白了吧？分词短语"looking up"修饰主语"I"。

很多人不在意悬垂分词，连优秀作家偶尔也会疏忽。一名优秀而又固执的作家，可能会坚持使用悬垂分词，假装自己是有意为之，因为本人知道自己的意思，也认为句子传达了本意。就好比紧抓着一根绳子，却荡不到下一根树枝上。很多悬垂分词没有显而易见的完美解法，尽管严格说来是有瑕疵的，但是作者（有时也包括编辑）都宁可保持原样。

有次，我对一个句子提出异议："Over tea in the greenhouse, her mood turned dark."编辑不耐烦地说："我们不管它不行吗？"我坚持说，她的心情不可能停留在茶的上方（好吧，也许可以，可我那天就是在字面上很较真）。后来句子改成"As we drank tea in the greenhouse, her mood turned dark."虽然视觉上没那么醒目了，但是原句的悬垂分词更让人耿耿于怀。

作家越有才华，悬垂分词就越复杂。杰出的小说家爱德华·圣·奥宾（Edward St. Aubyn）有一句话：

> Walking down the long, easily washed corridors of his grandmother's nursing home, the squeak of the nurse's rubber soles made his family's silence seem more hysterical than it was.

> 走在他祖母所住的这家养老院频繁清洗的长廊上，护士的胶鞋底吱嘎作响，使他一家人的沉默更显得滑稽可笑。

这位散文大师有四部长篇小说集，厚达 680 页，其中有无数精雕细琢的句子，单挑这一句的毛病，显得不够厚道。可我还是要挑毛病。"Walking down the long, easily washed corridors of his grandmother's nursing home"的逻辑主语并不是"吱嘎声"（没错，这个短语让人联想到薪水微薄的走廊拖地工，地板上打了一层鸡眼似的硬蜡，遮不住底下淡淡的、拖不净的尿骚味），也不是"护士的胶鞋底"，而是隐藏在所有格里的"护士"。

胆敢修改这个句子的编辑有两个选择：

第一种是可以试着在分词短语中加上主动动词；第二种
试着修改主句，使分词短语修饰该主语，即——

1.As the nurse walked down the long, easily washed corridors of his
grandmother's nursing home, the squeak of her rubber soles . . .
2.Walking down the long, easily washed corridors of his grandmother's
nursing home, the nurse in her squeaky rubber soles . . .

嗯，祝你好运。但是，使沉默显得滑稽可笑的是吱嘎声，而不
是护士。无论怎么改，我都没法把这句改得更好。如果告诉作
者，他要么改了重写，要么说不觉得有错。所以，看来还有第
三个选择：什么都不改。有时候，接受悬垂分词比修改更容易。
在这个例子中，无论是否知道个中原因，悬垂分词带来的不
适感和失衡感，都有助于传达走在恐怖的养老院走廊里的那
种感觉。

　　乔治·桑德斯（George Saunders）文采出众。不久前，
我在他的一篇文章中，发现了一个悬垂分词的问题。桑德斯是
写小说的，他常用未受过教育的口吻叙事。在一连两天阅读《关
于桑蓓莉卡女郎的日记》（The Semplica-Girl Diaries）后，我
发觉自己的思维也受到了桑德斯的片言断语的影响。这篇日
记体小说的叙述者是一个有妻室儿女的男人，心地善良却又
蒙昧无知，讲话带着几分乡巴佬的腔调，内心独白像人猿泰
山一样支离破碎。回家，喝杯烈酒，最好是尼格罗尼（要金酒，
不要伏特加）。明天再试试。

　　虽然我知道人们喜欢用悬垂分词，但是小说一开头就用

悬垂分词，让我很难克制想要修改的冲动："While picking kids up at school, bumper fell off Park Avenue."（去学校接孩子的路上，保险杆从车上掉了下来。）严格说来，桑德斯这句话的意思是保险杆要去学校接孩子 ["Park Avenue"（林荫大道）指的是别克的一款旧式轿车]。改的话，会破坏叙事语气，叙事者的日记用的是笔记体，所以常常省略主语，如"Stood looking up at house, sad."（站着抬头看房子，心里难过）。最简单的改法是在开头的短语中加一个主语，使之成为正确的从句，即"While I was picking kids up at school"，但是这样句子就失去了个性。你也许希望泰山上过学，或者至少看过知识性的电视节目，但是也不想改变他的措辞。因为该小说具有电报式风格，我便告诉自己，"I was"是暗含其中的，因此保险杆是被无形地支撑着的（最终掉了下来）。

文中还有很多数字，也就是罗马数字，我凭直觉不去改动。当主人公在日记里做家庭开销预算时，就不用把"$200"改成"two hundred dollars"。他还用了很多"+"号和"="号，话语前后也不加引号。他的目的是为"未来人"描绘"一幅生活和时代的图景"，所以无须粉饰美化。由着他说"hopefully"，而不是"it is to be hoped that"吧；圆括号里套圆括号 [好歹没用方括号][1] 就随他去吧；也别指望他在"he too once had car whose bumper fell off"中的"too"前后加上逗号。

---

1. 原文故意用了方括号。

60

我唯一无法撒手不管的是拼写。有些是故意拼错的（"herts""dauhter"），出自孩子之口，我知道要保留。但还有些拼写不能算错，只是不合要求，不过作者可能也不想改。例如，我们偏好"catalogue"以 ue 结尾的拼法，而且，我前面说过，后缀前的非重读辅音字母要双写，如"totalling""traveller"（我的自动更正工具很不情愿接受这些多余的 l）。幸好桑德斯没有坚持按自动更正的来，他接受了这些花哨的修改。叙事者当然不会这么用，但是读者也没发现不妥。其实，如果我们忽略不改，《纽约客》的读者反而会注意到，而最重要的就是不要让拼写使读者分心，影响他们对文意的理解。

我决定不对叙事者女儿的名字莉莉（Lilly）的拼法提出质疑了。换作是我，我会只用一个 l，可她不是我的女儿，而是桑德斯笔下的叙事者的女儿，还有谁比他更清楚在他女儿的出生证明上写了什么名字呢？但是，当文中的一个人物说他的公司要"garner"（贮藏）他的薪水时，却被叙事者的妻子帕姆厉声指正说："是'garnish'（装饰）才对。"我忍不住要深究一番了。"To garnish"是指鸡尾酒调好后加上装饰，比如一片橘子，（那杯尼格罗尼哪儿去了？）而此处的正确用词是"garnishee"（扣押）。没错，在《韦氏词典》的"garnish"一词下方列出了"garnishee"，但是按照我们的体例，要采用韦氏偏好的拼法，即有完整定义的粗体字，而不是藏在另一个词条里的小型大写字。《韦氏词典》里收录了很多非标准的拼法和用法（露·伯克有次对我大发雷霆，她以为我看到

"minuscule"一词被拼成"miniscule"却放任不管，因为《韦氏词典》收录了有两个 i 的错误拼法，以引导读者查找正确的拼法）。于是，我把这条疑问"装点"在校样上。我的理由是，既然帕姆在纠正别人，而她又比丈夫聪明，难道不应该用对词吗？

编辑很尽职地把疑问传达给作者，后来对我说作者拒绝修改，还说："我觉得这家伙知道的不会比我多。"

说得在理。扣我的工资吧。总之，拼写不是重点。重点是用词——用词妥当，语序正确，以达到语出惊人的效果。文字编辑的任务就是拼对单词：添加连字符，去掉连字符。一遍又一遍。还要尊重作家编造的拼法。

第三章

语言中的性别问题

我总是把生理性别（sex）和社会性别（gender）混淆。自从玛丽·亚伯兰（Mary Abram）修女在法语课上教我们桌子（法语：*la table*）是阴性的，我就一直半信半疑。我想知道为什么，她却无法说明原因。她试着说服我语言是没有逻辑的，或者说某些惯用语不能用逻辑来解释。反正桌子就是阴性的，没有道理可言，过去总是如此，将来也会如此。语言中有很多规则永远无从知晓或难以解释，只能说习惯使然。还是这位亚伯兰修女，有次竟然说，她倒要看看谁敢跟她说"my most favoritest thing"[1] 是错的。桌子的性别也许不会变，但性别的含义却会变，就像亚伯兰修女，某天竟会舍弃取自《旧约》的名字，脱掉修女服，逃离修道院，变身性感辣妹，最大的爱好就是抽烟。

大三时，我修了"文学中的女性"这门课程，授课老师是女性研究的先驱伊莱恩·肖沃尔特（Elaine Showalter）。那是一个思想争鸣的时代。新发明了对女士的尊称"Ms."一词，女权主义者格洛丽亚·斯坦能（Gloria Steinem）刚创办了《*Ms.*》杂志，作家诺曼·梅勒（Norman mailer）在市政厅与女权主义者展开论战。但是，对我来说，女权主义是一个新概念，我以为它等同于穿长裤、讨厌老妈和怨恨男人。课上，我们读了影响深远的（seminal）女性作品：《黄色墙纸》

---

1. 在英语中，"favorite"没有比较级和最高级，因为它本身已含有最高级的形式，所以正确的说法应该是"my favorite thing"。

（*The Yellow Wallpaper*）、《一间自己的房间》（*A Room of One's Own*）、《向伯利恒跋涉》（*Slouching towards Bethlehem*）。[在当时的语境下，有人会反感"seminal"这个字眼，"semen"（精子）跟它有什么关系呢？]我们讨论的话题之一就是性别歧视语言。"女作家"（woman writer）这个称呼算不算是一种侮辱呢？难道没有一点"女司机"（woman driver）的意味吗？

在那个年代，女人什么工作都能做，可以当厨师、宇航员、最高法院法官等，传统的女性职业词汇（如"hostess""waitress""usherette"）已逐渐被淘汰。福勒在编写词典时，正值女性争取投票权（women's suffrage）之初（他应该更喜欢"female suffrage"一词），他心怀善意地认为，随着越来越多的女性进入职场，从事传统的男性职业，对"女性头衔"的需求也会增加。但事实并非如此。从维多利亚时代起就有的"authoress"（女作家）一词从来都不受欢迎，听起来有种屈尊俯就的感觉。就我所知，没有哪个女诗人愿意被称作"poetess"（也不想被称为"female poet"）。在英语中，阴性后缀有点矮人一截的意味，仿佛在说："这位小妇人偶尔也写写诗。"

出人意料的是，如今"Ms."已被普遍公认（连《Ms.》杂志也还在发行），而"actress"（女演员）和"comedienne"（女喜剧演员）则很大程度上被纳入没有曲折变化的"actor"和"comedian"。在某些情况下，我们改用了新的中性化职位描述。当男性开始在飞机上端茶倒水时，"flight attendant"

（空乘，空服员）就取代了"stewardess"（空姐）；餐厅里现在用"servers"称呼服务员；送信的邮差叫"postal carriers"。爱尔兰人戴维·马什（David Marsh）是《卫报》（Guardian）的惯用法专家，他提出凡是需要区分性别的场合，"用'male'和'female'就足够了"，并以格莱美奖项"国际最佳女歌手"（best international female artist）为例。但是就连该用哪个形容词都莫衷一是。在某些场合中，一些女性被称为"female"会大为恼火，因为这个词似乎只关注生殖系统，让女性觉得自己像一只鸡，只有大腿和胸脯有价值。

我听过人们说"lady doctor"（女医生）和"lady dentist"（女牙医），把贵族称谓和自然性别加在职业之上，很奇怪。至于男性，有"gentleman farmer"（乡绅）的说法，意思是既有钱财又有土地［"Lady farmer"（女乡绅）就没有这种含义了，倒是可以说"lady rancher"（女农场主）］。"Male nurse"（男护士）、"male stripper"（脱衣舞男）和"male prostitute"（男妓）全都是转变了性别的词汇，表明男性正进入以女性为主的职业领域。一般来说，在英语中不必在职业前加上性别，那样常常会得罪人。除了少数由生理决定的职业外，如"wet nurse"（奶妈）、"midwife"（接生婆）和"madam"（鸨母），为什么要加上性别呢？一些有阴性词尾的英语单词经久不衰，既有力又实用，如源自希腊语的"heroine"（女主角，女主人公）和源自拉丁语的"dominatrix"（女施虐狂）。接招吧，搞性别歧视的猪猡们！

如果亚伯兰修女当年引用了罗伯特·格雷夫斯（Robert Graves）与艾伦·霍奇（Alan Hodge）在《肩负读者》（*The Reader over Your Shoulder*）一书中关于性别的论述，也许能给自己和学生省下不少麻烦："英语……在结构上具有某些特殊的优势。首先，鲜有曲折变化，也没有性属之分。罗曼语族与日耳曼语族没有机会简化到同等的程度，仍然保留着性属和曲折变化。它们都是从原始时期遗留下来的词缀，所有概念的性属，如树木、疾病、烹饪用具，都要从宗教习俗或禁忌的角度加以考量。"

　　格雷夫斯进而又写了一段话，要是 1969 年亚伯兰修女说过，也许会让我的求学之路少些焦虑："性属没有逻辑可言，有时用来表示实际的生理性别差异，例如 *le garçon*（男孩）、*la femme*（女人）；有时用来美化词汇，例如 *la masculinité*（男子气概）、*le féminisme*（女权主义）、*le festin*（盛宴）、*la fête*（节日）。"注意："masculinity"（男子气）是阴性的，而"feminism"（女权主义）是阳性的。

　　我向来没有猜对外语中名词性属的天分，几乎总是猜错。不久前，我偶然找到一本笔记本，便用来掌握现代希腊语中名词的性属。希腊语与拉丁语和德语一样，名词有阳性、阴性和中性之分，有时词尾能提供线索（-omicron sigma 是阳性，-eta 是阴性，-omicron 是中性），但是也常常会误导人。古往今来，很多词语都已衰亡（sigma 可能消失了），因此某个单词可能看起来是中性的，但仍保留古时的性别，尽管词尾看上去是阳性，但也许一直都是阴性。我决心掌握名词的性，所以把每个名词都用炼金术中的符号作标记：一个圆圈加向上的箭头象征勃起，代表阳性；一个圆圈加向下的十字象征分娩，代表阴性。我得发明一个中性符号：一个圆圈上既有箭头又有十字，中间划一道斜线，像"禁止行人通行"的标志。真是可悲，我像是要把名词都给关进笼子里。

后来，我学习意大利语时，用自由联想式的记忆方法，吃力地一个个背下每个单词的词性。如果英语中有相应的职业词汇，就容易得多。在意大利语中，*poetessa*（女诗人）不是一种侮辱，只是"poet"（诗人）的阴性形式，一如 *dottoressa*、*contessa* 和 *professoressa* 分别是"doctor"（医生）、"countess"（伯爵）和"professor"（教授）的阴性形式。但是 *bicchiere* 的意思是"glass"（玻璃），我该怎样记住它是阳性呢？读音与"beaker"（烧杯）相近，让我想到化学和化学家路易·巴斯德（Louis Pasteur），他恰好是男性：因此，*bicchiere* 也是阳性。但有时"烧杯"也让我想起居里夫人（Madame Curie），她也是一名化学家，却是女性，我就犯糊涂了。至于 *bottiglia*[意为"bottle"（瓶子）]，如果仅靠词尾字母 a 不足以提醒我它是阴性，我就会想起一瓶印着圣保利女郎（St. Pauli girl）图案的啤酒。*Latte*[意为"milk"（牛奶）] 是阳性的，这似乎违反直觉，因为女人才分泌乳汁。于是我转而求助于自己当送奶工（milkman）时的经验：*latte* 是阳性。当然，如果你从小生活在有性别区分的语言环境中，这些形式变化就随着母乳（阳性）一并吸收了。如果我从小就接触拉丁语，日后掌握词汇的性别概念可能就容易多了。

英语中也有隐秘的性别区分。我们历来用"she"（她）来指一艘船，也许现在不那么常用了，但是只要我们对某一特殊的船只产生喜爱之情，"it"（它）就会变成"she"，可能还会取一个女性化的名字。我也会把自己的车视为女性：我的伊克莱尔（Éclair），她上年纪了。当年我学竖琴时，老师家的客厅里摆满了演奏会用的竖琴，有镀金的、有黑檀的、有鸟眼枫的。老师告诉我，竖琴和船一样都是阴性。这会不会是巧合呢？因为这些名字在意大利语中也都是阴性，分别是 *la nave*（船）、*la macchina*（汽车）、*l'arpa*（竖琴）。我们会说"mother tongue"（母语）（"舌头"的拉丁语 *lingua* 和希腊语 *glossa* 都是阴性），也会说"mother country"（母国）[不过也有"fatherland"（祖国）的说法]。美国被称为大不列颠之女。阴性隐藏在表面之下，阳性也是如此。1993 年，罗瑞娜·博比特（Lorena Bobbitt）切掉了丈夫约翰·韦恩·博比特（John Wayne Bobbitt）（这名字起得倒很贴切）[1] 的阴茎，某知名作家受《纽约客》之托，匿名报道对她的审判过程。那篇稿子从未刊出，只私下在办公室内部传阅。有个段落讲述罗瑞娜离开家，发觉手里还攥着丈夫的阴茎时，作者写道："她把他丢到了田里。"当然了，阴茎是男性外生殖器，但是自然而然地给它语法上的性别，在我看来，证明了两件事：

1. 在英文中，男子名"Wayne"（韦恩）与单词"wane"同音，后者有"衰落；（月亮）亏，缺"之意，而韦恩恰巧被妻子切掉了生殖器。

一是男人对阴茎的依恋；二是这种依恋有着语言学上的根源。用人称代词来称呼，不是无缘无故的。

代词在人们头脑中根深蒂固。一位朋友的父亲曾对她说："别用'she'来称呼你妈妈。"我朋友觉得为何不可呢，这个词很正确啊。但是在她父亲听来，却有失尊重：女儿用区区一个代词就把母亲给打发了。正如马克·吐温（Mark Twain）在《糟糕的德语》（The Awful German Language）一文中所写的，德语代词 sie（她）是"仅由三个字母构成的软弱可怜的小东西"。又或许，我朋友的父亲觉得"she"在暗示父亲和女儿密谋串通，用代词将母亲排除在外。但是"she"为什么是一种侮辱呢？一个代词如何激起重重回响？在德语中，所有的名词、冠词（定冠词和不定冠词皆然）、形容词都可能根据三种性（阳性、阴性和中性）和四种格（主格、宾格、与格和所有格）而变形。所以要掌握的很多。[马克·吐温和我遇到的问题一样。还是在这篇文章中，他写道："（德语）每个名词都有性属，其分布没有道理或系统可言，所以必须逐个学习并牢记，别无他法。而要熟记，得有备忘录般的记忆力才行。德语中，年轻姑娘没有性别，芜菁却有。可见，德语对芜菁过分尊重，对少女却冷漠无礼。"]

不同语言的代词有细微的差异。我们不再使用"you"的常见用法——"thou"（主格）、"thee"（宾格）和"thine"（所有格）；德语和意大利语却仍然区分亲近的称呼（du 和 tu）与正式的称谓 Sie 和 Lei（您）。后两种语言中"您"的尊称首字母都要大写，而第一人称单数（ich 和 io）则小写。

英语的惯例却恰好相反，这是否反映出德语和意大利语是如何看待自己与他人的关系呢？事实上，意大利人要是不乐意，甚至连代词都不用，因为动词形式已经包含了必要的信息。日语则完全不分性属。高度曲折变化的动词形式表明了说话者（男性专横，女性温顺）、聆听者和第三者之间的关系。有时，英文很好的日本人仍然会把"he"和"she"搞混，听来很有趣。在 2010 年一部关于约翰·列侬（John Lennon）的纪录片里，小野洋子（Yoko Ono）记得曾送给约翰一件漂亮的丝绸睡衣（用的是单数形式）。她说："他穿上她很合身。"（She fit him totally.）

◆ ◆ ◆

英语中的性属问题不像德语那么复杂，也不像约翰·列侬的丝绸睡衣那么有风情，但依然引发了无休无止的争议。最棘手的问题大概是，当先行词是两性兼有（he 或 she）、未知或无关紧要时，依照惯例会用阳性代词来包含阴性代词。第三人称单数代词，即"he""she""him""her""his""hers"，是英语语法性别的最后堡垒。这六个致密而古老的词语，都被打磨成坚硬的小果核，成为现代英语用法中最大的难题。

美国律师、词典编纂家布莱恩·加纳（Bryan Garner）在《加纳现代美国用法》（*Garner's Modern American Usage*）以"代词问题"为题的条目中，对此做了总结："英文中有一些不分性别的概括词，如 *person*、*anyone*、*everyone* 和 *no one*，却没有不分性别的单数人称代词，只能用 he、she 和 it。传统的做法是用阳性代词 he 和 him 涵盖所有人，男女皆然。已经有越来越多的人抨击这种惯例，由此引发了性别歧视语言中最难解决的问题。"英国剧作家 A.A. 米尔恩（A. A. Milne）写道："如果有人把英语好好梳理一番……就会有一个词可以同时表示'he'和'she'，我就能写，'If John or Mary comes, heesh will want to play tennis.'（如果约翰或玛丽来的话，他 / 她会想打网球），这样就能省不少麻烦。"

诚如此言。许多人一直想方设法试图纠正英语的这一缺陷，其中"he-she""she-he""s/he""he/she"和"s/he/it"是最缺乏想象力的解决方案。加斜杠的"he/she"早在 1963 年就被收入了词典，却没有收录"she/he"。在《韦氏词典》中，从"sheetrock"（石膏夹心纸板）直接就跳到"sheikh"（酋长），两个都是富含阳刚之气的字眼。"She"里含有"he"，正如"woman"里含有"man"，但是"he"不乐意这样，认为"she"少了"he"就寸步难行。"Heesh"看起来很可爱，像是"she"倒车撞上了"he"又打了个转，趣味十足，符合创造出小熊维尼和克里斯托弗·罗宾的作家形象。

从 1850 年左右起，人们就继续寻找"兼具两性"（epicene）的中性代词，有人认为可以用 ne、nis、nim。其他替代方案把所有字母用了个遍，合在一起看，简直就像元素周期表。当人们面对太多选择时，往往单看哪一个都不好，对中性第三人称单数代词的诸多提议也是如此。有人建议用 hse，这个缩写词既精彩又精简，颇具极简风格，但是没法发音。此外还有 *ip*、*ips*（1884 年），*ha*、*hez*、*hem*（1927 年），*shi*、*shis*、*shim*（1934 年）和 *himorher*[险些变成 *hemorrhoid*（痔疮）]（1935 年）。有人提议我们借用汉语普通话中的 ta（他 / 她）和 *ta-men*（他们 / 她们）（对啊，这倒是有可能）。*Shem* 和 *herm* 听起来像是诺亚的后代；*ho*、*hom* 和 *hos* 要是能中选的话，又会惹上"ho"的问题而被弃用[1]；*se* 和 *hir* 显然已经被爱玩性捆绑的网络社群采用；*ghach* 是克林贡语（Klingon）[2]。人们继续寻觅，有人提出用 *mef*（male 和 female 的结合），或是用 *hu* 表示"human"（人类），用 *per* 表示"person"（人），还有 *jee*、jeir、jem，天晓得这都是什么意思，不过玩拼字游戏时会管用。*Ze* 和 *zon* 听起来像德语，其他多数听来都像星际语言。

1970 年，女性主义诗人玛丽·奥罗范（Mary Orovan）建议使用 *co* 和 *cos*，尤其在探讨人权问题的文件中 [在纪念美国社会改革家苏珊·B. 安东尼 (Susan B. Anthony) 的仪式上，奥罗范将祈祷时画十字的手势女性化了，"以圣母、圣女和圣孙女之名，阿—女人"。（In the name of the Mother, the Daughter, and the Holy Granddaughter: Ah-woman.）圣母教会可能有女性气质，但圣母可不是女权主义者。] 还有个方案采用 *e*、*em* 和 *eir*（1983 年），是数学家迈

1.Ho：美俚，是"whore"的简称，既可以指妓女，也可作侮辱用语，指婊子、贱人，有时也用来泛指女性。

2. 克林贡语是一种人造语言。使用该语言的克林贡人是美国科幻影视系列剧《星际迷航》（*Star Trek*，又译《星际旅行》）中的一个拥握高科技却野蛮好战的外星种族。

克尔·斯皮瓦克（Michael Spivak）命名的。斯皮瓦克代词建立在克里斯汀·M. 埃尔弗森（Christine M. Elverson）的版本之上。1975 年，芝加哥某企业组织举办了一场最佳中性代词选拔赛，来自伊利诺伊州斯科基市的埃尔弗森获胜，她只是将"they""them"和"their"中的 th 去掉，创造出 ey、em 和 eir。

上述所有方案都只是在推行。记录在册的只有一个中性代词的例子源自日常用语，即"yo"，它"在 20 世纪初期至中期，自然而然地出现在巴尔的摩市区学校。""Peep yo"（瞧那家伙）意思是"Get a load of her-or-him"（瞧那个女的／男的）。"Yo"还有一项优势：这个词英语中原本就有，所以没准还真能被选中。巴尔的摩市民已经在用了。

2014 年，法学教授 C. 马歇尔·撒切尔（C. Marshall Thatcher）提出的方案大概是最野心勃勃，也是最荒唐可笑的。他淋漓尽致地阐述了使用 ee/eet 的好处，称由于英语在不断演变、扩大，当前迫切需要的代词必须兼而有之，能"指代……男性属性、女性属性或中性属性的先行词"。

不等撒切尔开口，语法学家就斥责他混淆了"生理性别"与"社会性别"。从严格意义上来讲，"male"（男性／雄性）和"female"（女性／雌性）是指自然性别的名词，而"masculine"（阳性的／男子气概的）和"feminine"（阴性的／女子气质的）是指两性特质的形容词：如"女人的小花招"（feminine wiles）和"男子汉风度"（masculine bearing）。另外，直到最近"gender"还只是语法上的术语。

福勒写道："谈论人或生物时，本来指的是自然性别，却说成了阴阳属性，如果不是开玩笑（允不允许要看语境），那就是大错特错。"

　　撒切尔将其发明的代词进行了词形变化，从主格 ee/eet（指 he 或 she/he、she 或 it）开始。他提议用 hisers 表示所有格，与 "scissors"（剪刀）押韵，例如 "When a divorce decree awards marital property to one of the spouses, the property becomes hisers."（当离婚判决书将夫妻共同财产判给一方，这份财产便归其所有。）宾格代词是 herim 和 herimt（" 'Herim' 与 'perimeter' 的前两个音节押韵"，听起来像有人在清嗓子）。面对质疑，撒切尔指出，瑞典人发明了中性代词（hen）供学龄前儿童使用，让小孩子摆脱性别固化的窠臼。他还说，你看 "Ms."（女士）这个尊称多么盛行。

　　但 "Ms." 只是表面的称呼，一个买机票时可以点击选择的称谓而已。代词深深植根于语言之中，所有强制推行的方案都注定失败：愈是合乎逻辑，付诸实施时就愈显荒谬。这些发明出来的代词并未融入语言、解决问题，相反，它们起身挥动双臂之时，便是烟消云散之日。

　　除了那些生造的或印刷错误式的解决方案，它们看起来像火星语或是借用了中文，福勒又提出三种权宜之计，以弥补英语的这一缺憾：我们可以采用所谓的阳性规则，用 "he" 表示阳性或阴性代词；适当采用 "he 或 she" "himself 或 herself" 之类笨拙的形式；或诉诸中性复数形式 "their"，既融合了单复数的规则，又巧妙处理了性别问题。第一种方案历史悠久。男性规约主义者一致认为"凡性别不明显或不重要时，应当以阳性形式表示人而非男人，即表示人类（homo）而非男性（vir）。"词典里的"man"确实有一条定义是指全人类，而女性主义者望文生义，在追求政治目标时，失去了幽默感，这倒也很有可能。当然，*homo* 和 *vir* 是拉丁语，不过即使是门外汉，也能从其他英文词汇推断出它们的含义：*homo* 指的是物种，如"*homo sapiens*"（智人）；"virile"一词体现出 *vir* 的意思——有生殖力的或（泛指）有男子气概的。但正如伊莱恩·肖沃尔特在"文学中的女性"课上所言，如果在讨论月经或分娩的文章中，还死板地使用阳性规则，就太荒谬可笑了。

第二个权宜之计，即使用"he 和 she"的各种词形变化，笨拙归笨拙，却已司空见惯，普遍到连打字错误也在所难免。《纽约时报》曾刊登过德怀特·加纳（Dwight Garner）写的一篇书评，评论一本关于有志作家的书："The aspirant can then sink back into her or her individual slough of despond."（怀揣作家梦的写手就此陷入失望的泥沼之中。）也许会有人视之为女权主义者的胜利，但是从上下文看却很让人丧气，隐含之意是失望的泥沼是女性作家的专利。无论复合单数代词的使用范围有多广，老是要写"he or she""him or her"或"his or hers"还是太麻烦了。

人们多半已经放弃了"his 和 hers"，转而采用第三种权宜之计，即复数"their"。这种大众化的解决方案并不受规约主义者的青睐。福勒称之为"可怕的 their"，布莱恩·加纳用无可奈何的语气写道："阳性单数人称代词兼指男女两性的用法，可能还会延续一阵子，但是终究会被能用作单复数的 they 给取代。"描述主义者对此持更为乐观的态度，还引用了 *OED* 对钦定本《圣经》以及莎士比亚、刘易斯·卡罗尔（Lewis Carroll）和萨克雷（Theckeray）作品中 their 的文献记录，例如"A person can't help their birth."（人无法决定自己的出生。）为人随和的《卫报》语法专家戴维·马什说："如果他们可以用，你当然也能用。毕竟，英语里曾有过单数的'you'——*thee*、*thou* 和 *thy*——时至今日，一些方言里还在用……'you' 逐渐排挤其他形式，成为单复数的标准用法，似乎也并没有造成多大的痛苦。"为证明复数"they"和单数先行词这样不协调的搭配正当合理，只用把"they"重新标记为单数就可蒙混过关。但是这些评论家未提及的是，在几乎所有的例子中，说话者不是作者而是角色，且大多是小说里的对话，而小说中什么都可能发生。"A person can't help their birth"是萨克雷在小说《名利场》（*Vanity Fair*）中借罗莎琳德之口，谈论贝基·夏普（Becky Sharp）的话。

我不想多嘴，可是不吐不快：口语中用"their"表达"his or her"之意是错误的。它固然解决了性别问题，在口语中也确实相当普遍了，但却忽略了单复数。单数先行词不能用复数代词，但人们却总是这么使用，当然是在口语中。这不公平。一个无足轻重的中性复数代词，凭什么盖过阴性和阳性单数代词？那可是我们扑克牌里的 K（国王）、Q（王后）和 J（骑士）啊！如果我们不那么在意是否男女通用，阳性代词就会自然地融入其中，消失不见，成为隐形的"he"。在审校电视评论家艾米莉·努斯鲍姆（Emily Nussbaum）的一篇稿子时，我发现有一个"their"的先行词是单数，便用问号加注"his"，但是努斯鲍姆不愿用表示父权的代词——隐形的"his"在她看来是显形的——执意用"his or her"。我觉得很打眼，但毕竟是她的文章，我们就照她的意思来。

如果这些权宜之计不引人注目，那最好不过；我们也常常得改写句子来解决这个问题（不过有时文字编辑必须明白，该收手时就收手）。《纽约客》的长期特约撰稿人马克·辛格写过一篇精彩的文章，读来颇像"罗宋汤"游乐区（Borscht Belt）[1] 喜剧演员讲的段子，其中用了口语化的"their"，那句话得彻头彻尾地改写一番，才能避免埃莉诺·古尔德所谓的"单复数问题"（听起来有点像"女人的问题"）。那用"one's"怎么样？这个替代方案太刻板了，谁也没认真考虑过它，福勒不可能，辛格就更不用说了。辛格想让语言文字反映人们的说话方式，这种想法也不无道理，况且他只是为了博人一笑。我让步了，允许不合语法的用法出现在杂志上，将来可能会被人当作证据，说既然《纽约客》都这么用了，那就是合乎语法的。唉哟！我得承认，作为文字编辑，我赞同保守派的看法：编辑工作要无损原文。但是从个人、作者或读者的角度来说，我却稀里糊涂。我既赞赏努斯鲍姆给听起来很自然的复数代词找了个替换词，也钦佩辛格坚持保留原来的用词。无论如何，这两个代词最终都与文章融为一体，而这正是你想要的结果。

---

1. "罗宋汤"游乐区，位于美国卡茨基尔山区（Catskills），20 世纪 20—70 年代是纽约市犹太人的避暑胜地，许多巡回演出的喜剧演员和音乐家聚集此地。

似乎没有人认真考虑过第四种可能（把 *heesh* 之类算上的话，就是第五种）：何不混着用呢？为什么女人不能随心所欲地使用阴性代词？男人时不时地随口说一个"her"或"she"又有何不可？加纳倒是用过"as anybody can see for herself"，但多半是想加以反对或揶揄，称其是美国学术界为体现政治正确性耍的花招："这类短语常常与含有阳性代词的短语交替使用，在某些文章中则保持一致。大多数读者是否会对这类措辞见怪不怪，只有时间才能证明。"他告诫说："这个办法有双重风险。首先，意料之外的隐含之意可能会侵扰到写作。"我不确定他这话的意思，但是听起来很刻薄。"其次，从长远来看，这项权宜之计可能会给女性带来损害，因为或许只有极少数作家采用：其他作家会继续使用两性通用的阳性代词。"加纳用的冒号强而有力，暗示着那些继续以阳性代词指代男女两性的人，将会变本加厉地加以使用，或许冒号还加黑加粗了，仿佛要强化男性对语言的控制，这对女性无异于是另一种侮辱。

不过，这些"极少数作家"里有大卫·福斯特·华莱士（David Foster Wallace），恰好也是加纳最喜爱的作家之一。阴性代词的效果——至少对我来说——就是唤起同情心。我更喜欢那些因宠爱老婆而使用阴性代词的男作家。哦，缪斯女神，请歌颂那些极少数作家吧！他们极具阳刚之气，敢于使用阴性的第三人称单数！

我之所以比较容易接受这些替代的称谓，大概是因为亲身经历过代词转换的缘故。当你不得不换个代词来称呼相识了一辈子的人，这个时候最能凸显代词与我们的生活紧密相连、根深蒂固。当我正努力攻克意大利语，把以 *a* 结尾（多为阴性）和以 *o* 结尾（多为阳性）的名词分门别类，竭力弄明白以 *e* 结尾的单词意义时，性别和性属跳出了教科书的范畴，进入了我的真实生活：我弟弟迪伊（Dee）宣称他是一名跨性别者（transgender）。他比我小两岁，我们一直都很亲近，反正我是这么认为的。我们从小在克利夫兰长大，都漂到了纽约。我们是朋友，有时还是邻居，也常常是知己、合作伙伴和酒友。

　　我很庆幸有"sibling"这个词，虽说有点生硬。并不是所有语言都有一个用来表示兄弟或姐妹的通性词。古希腊语里有个词，其基本含义是"子宫友"（womb-mate），但是意大利语只有 *il fratello*（兄弟）和 *la sorella*（姊妹），无法形容一个跨性别的兄弟姐妹，除非进行词形变化，变成 *il sorello*、*la fratella*、*la fratello/sorella* 或 *il sorello/fratella*。我在意大利语课上最初造句时，就有一句"*Mio fratello vuole essere mia sorella*"（我弟弟想变成我妹妹）。

　　婴儿出生时，大家最先想知道的是什么？是男是女，对吧？这应该是最基本的身份认同了吧？从小到大，我很清楚弟弟是男孩，通过和他的关系，我也界定了自身。我发现他比我受宠多了。他从来不用洗碗，也不用擦拭假壁炉四周的石砖，长大后也不用像妈妈那样，每天都穿着束腹紧身衣。我很嫉妒他，童话故事里的那种嫉妒。身为姐姐，我觊觎他拥有的一切。没错，所有的一切。我不以当女孩为荣。所以，当长大成人的弟弟宣布他一直都想变成女孩，想改变男性的身体，以体现自己女性的灵魂，我觉得既受威胁又遭背叛。

语言中的性属具有装饰功能，是一种美化词语的方式，人体的性别也是如此：男性或女性的外在特征——乳房、臀部、性器官，除了具有装饰性外，也对种族的生存至关重要。口红和高跟鞋就像词形变化，是女人味的象征，使人联想到诱惑和性爱 App。那些挂在词尾的多余字母，就像语法的生殖器，而代词才是深入骨髓的身份表达。

不久前，我和弟弟陷入了一场由代词引发的争端。战争始于克利夫兰，当时我们去探望住在养老院的父亲，母亲则在俄勒冈州和我哥哥及家人过圣诞节。到了克利夫兰的第一天，还没去养老院看望父亲，迪伊就抹着口红和腮红下了楼。我说："才早上九点就化这么浓的妆。"原来迪伊想趁着我们在克利夫兰时去逛商店，还说对于一个正变性成为女人的男人来说，鞋子特别难买。我记着市区购物中心有一家鞋店卖大码女鞋，翻开电话簿找到了店名："玛露大码女鞋店"，便一起去了市中心。女店员似乎以为我是迪伊的妈妈。我说："他想买几双女鞋。"一出口便意识到自己说错了话。不过迪伊正在嚼一袋烤腰果，没什么反应。她选了一双带搭扣的低跟黑皮鞋（样式像靴子）、一双棕色厚底牛津鞋（男女都能穿的鞋子很重要）和几双一脚蹬懒人鞋，连我都不得不承认，迪伊穿上出奇地好看。她把鞋子装好，骄傲地拎着"玛露大码女鞋店"的购物袋。我们到以前最爱去的一家名叫"奥托·摩瑟"的酒吧以示庆祝，墙上曾经贴着早年歌舞杂耍表演的老照片，啤酒盛在厚厚的高脚杯里，人称"鱼缸"。迪伊买到新鞋这么兴奋，我很能理解，女孩子嘛，都喜欢新鞋。不过让我感伤的是，以前迪伊从来没有一双像拖鞋那样一踢就脱掉的鞋子。

我们在克利夫兰待了一周左右，迪伊天天去逛旧货店，拎回大包小包的女装。床上堆满了各种毛线衫（袖子千奇百怪，领口开得很低）、围巾，甚至还有一条羽毛长围巾。迪伊一天换好几套衣服，尝试不同的发型和妆容。我在洗手间外等迪伊梳妆打扮等得直冒火。相形之下，我在展示女人味方面，显得极其保守，只用无色唇膏，戴铅弹般的球形耳钉。在母亲家的厨房里，看到迪伊穿着一件低胸上衣，衬托出那对刚做好的小乳房，我不由得多瞄了两眼，不过让我很恼火的是，留在玻璃杯上的口红印，还得由我来清洗。迪伊就像个十四岁的孩子，被荷尔蒙冲昏了头。

我们的关系日益紧张，直到有天迪伊说："我想飞回家了。"这话我可没料到。迪伊解释说："这是我的假期，也是我出柜和尝试的机会。化妆很重要，这样别人才知道我是女人，至少以为我是女人。而你太刻薄了。"此前我们在车上时，迪伊掏出一小瓶唇蜜和粉刷准备补个妆，而我正倒车出车道，却猛踩了刹车，想捉弄她一下。

我觉得很惭愧，表示会努力改进。当晚妈妈要回家，迪伊很紧张，说："这是我第一次见妈妈。"应该说，是妈妈第一次见真正的迪伊才对，但是我什么也没说。为庆祝和解，我们去大湖区精酿啤酒公司吃晚餐。人很多，我们只得站在吧台区等空位。以前，和弟弟一起去酒吧是很轻松的事，我只用站着，他会去吧台给我俩点酒。可现在我意识到，他不再是我弟弟了，他认为自己是女人。我试着把迪伊当女人看待：她身材高挑，眼睛深邃，脸庞细窄。眉毛和牙齿不太整齐，但是可以修一修、整一整。五官精致，肤色细腻，与我和妈妈的肤色一样。

终于等到了空桌，也点了餐。我不由得放松下来，打开了话匣子。这时，服务员过来送餐，他问："芝士汉堡是哪位的？"

"是这位先生的。"我说着便拿起叉子，重新拾起话题。但是有点不对劲儿。迪伊似乎没胃口。"怎么了？"我问。许是服务员忘了加生洋葱片。迪伊别过脸去。掉眼泪了吗？有什么好哭的？

"太让人绝望了。"迪伊说，"你刚才说'是这位先生的'，却根本就没发觉。"

我惊呆了。原以为我们已经和好了，没想到区区一个代词却像一发炮弹落在我俩之间。真不敢相信往后我得改变代词了，这些可是我从小到大运用自如的词语啊。我再也不能说"he""him"或"his"了，否则就会让迪伊大失所望。简直就像说外语一样，总是得事先想好接下来该用什么性别。即使我亲眼看见了迪伊被称为"him"有多么伤心，还是得花很大工夫才不会说错。

也许服务员确实以为迪伊是个女人，可我无意中说出的一个字却践踏了她的梦想。当时对我来说，那确实是一个梦想。我觉得没有人真会把迪伊当成女人，可她越来越像女人了。我们走进一家餐厅时，领班会这样招呼："二位女士好！"起初我以为大家都被蒙在鼓里，后来才发觉，走不出记忆的人是我。

　　那晚妈妈回家了。她对迪伊充满怜爱。次日早上，迪伊还在洗手间不紧不慢地梳妆打扮时（因为要开车穿过宾夕法尼亚，所以得事先化好晚妆），我出去买甜甜圈。"你很美哟。"迪伊下楼时，妈妈夸她。她们聊了聊衣服，这让迪伊开心极了，她一直渴望能和家里的女性成员聊聊女孩的话题。妈妈说"真想看看你新买的行头"，我却催促迪伊快点出门，她在旧货店买的东西全都打包装进两个大袋子里了。那天是元旦前一天，我要开车载着迪伊，连同她的新衣服，穿过曼哈顿，一直把她送到家门口。妈妈甚至还夸了她的鞋子："穿着显得你的脚小了。"这话正是迪伊想听的。

　　"你弟（He）看上去很可爱，对吧？"妈妈对我说。

　　"是我妹（she）啦。"我说，迪伊笑容满面。"她看上去很可爱。"

第四章 主格还是宾格？

我读研时，独自住在佛蒙特乡下。当时我想自力更生，下决心了解汽车的发动原理。我开的是 1965 年款的普利茅斯复仇女神 II，车身是深蓝绿色的，配有宽大的挡风玻璃，很适合欣赏沿途风光和冬季落日。不过，车子配备的 V-8 发动机对我来说没什么意义。我只知道如何加油、检查油量、换轮胎，仅此而已。我想了解内燃式发动机的工作原理，父亲却给我泼了冷水。我对他说想学学汽车是如何发动的，他却说："很简单啊。我会把你要知道的都告诉你。把钥匙插进点火开关，转一下就好了。"

谢谢老爸。不过他还是帮了我，建议我到当地的一家加油站，交个汽车修理工朋友。可是乡下没有加油站。只有玛波商店（Marble's Store）有加油泵，购物时可以不拔车钥匙，如果车子挡道了，店员会帮忙移车。于是，我在当地高中报了个成教班，学汽车机械原理，每周上一次夜课。在第一堂课上，老师用了个我一直都不懂的词："密封垫片"（gasket）。记得有次我开着朋友的车，行驶在犹他州惊险的峡谷路段，车速太快，损坏了一个垫片。我知道换垫片很花钱，还会对车子造成永久的伤害（对不起！）。现在，我终于要弄清楚密封垫片是什么了，于是我举起手问："什么是密封垫片？"那位看起来像二手车销售员的老师，用了另外三个我不懂的词来给垫片下定义："曲轴箱"（crankcase）、"活塞"（piston）和"化油器"（carburetor）。可我还是不确定密封垫片是什么。

语法中也有一些令人望而却步的术语，语法学家动辄就把这些词挂在嘴上，但是不懂这些术语，并不妨碍你使用这门语言（"把钥匙插进点火开关，转一下就好了"）。作家E.B. 怀特（E. B. White）坦承，在编写《风格的要素》（*The Elements of Style*）[1] 之前，对"语言的引擎盖下发生了什么不甚明了"。不过，为了理解并掌握语言的运作方式，就得像学修车一样，撸起袖子，操起沾满油渍的扳手，认识每个零部件，下定义时要小心谨慎，务必删繁就简、化难为易，并观察各部件是如何协调运作的。请容我找到固定引擎盖的小卡扣，再用撑杆打开机盖探究一番。下面，我将分析现代英语用法中最恶劣的一个习惯。

◆◆◆

　　私下跟你说一句（Just between you and me），凡是发生如下情形，我都很不好受，英语要是个人也会不寒而栗。比如，某鞋店店员为了赢得我的信任，探过身来说："Between you and I…"（私下跟你说吧）；或电影里的某个角色向女孩子抱怨说："It's just not right, lumping you and I together."（把咱俩丢在一起，太不地道了。）；又或奥斯卡最佳女主角得主致辞时，感谢某位朋友"for getting Sally and I together."（谢谢你让我和萨利在一起。）也许大

---

1. 该书为小威廉·斯特伦克（William Strunk Jr.）与 E. B. 怀特合著，又译《英文写作指南》《英语写作手册》等。

家是一时激动，脱口而出，觉得"me"在家里说说还行，随便点也无所谓，但是用在正式场合就不太得体了。

　　对此，保守学者已经抱怨几百年了，我们暂且回到 1961 年。那年，美国大众文化理论家德怀特·麦克唐纳（Dwight Macdonald）针对《韦氏 3》写了一篇评论，称"between you and I"是一个普遍流行、众所周知的"语法错误"（其英文专有名词为"solecism"，尤指暴露出使用者自大和无知的用语错误）。大卫·福斯特·华莱士曾就《加纳现代美国用法》写了一篇评论叫《权威与美语用法》（Authority and American Usage），并在序言中将"between you and I"列为第二大语法错误。华莱士极其固执保守，其母亲又是个英语教师，他自称"目中无人"（snoot）。好在他文采斐然，笔下的散文独领风骚，语言精湛而得体，所以有资格在乎这些细节。加纳本人则用了一个半专栏的篇幅探讨"between you and I"，指出犯这个语法错误的人"几乎都受过良好教育，他们太刻意表现得谈吐优雅，结果却适得其反"。

　　这类事屡见不鲜。老情景喜剧《新婚梦想家》（The Honeymooner）里有一集，拉尔夫·克莱姆登（Ralph Kramden）抛弃了埃德·诺顿（Ed Norton），另找了一位保龄球球友，还对诺顿说："We have already reserved that alley for Teddy and I."（我和泰迪已经预定好球道了。）拉尔夫想显示自己的优越感。他并不善表达（词穷时只会支支吾吾），可是一旦把别人如"你"、Sally 或 Teddy 放在"我"的前面，他就会和其他人一样被词序欺骗了，从而用错了代词。

首先，我们要对这些口误背后的动机表示赞许。无论是店员、剧本作者还是电影明星都把别人放在第一位，以表谦虚。接着，我们也要温和地指出，如果别讲什么礼貌，偶尔也把自己放在前面，他们就会明白犯了错。谁都不敢在句首就说"Between I and you"，也不会抱怨某人"lumping I and you together"，更不会感谢朋友"for getting I and Sally together"。就连拉尔夫也不太可能会说："We have already reserved that alley for I and Teddy"，虽然听起来很有派头。但是如果你只管把自个儿放在前头，改用"me"而不是"I"，你就听得出来"me"是正确的，即"between me and you""lumping me and you together""for getting me and Sally together"。如果你还是觉得这样不礼貌，妈妈或一年级的老师也不赞同，那就把"me"移到后面，改成"between you and me""lumping you and me together""for getting Sally and me together"，这样既语法正确又合乎礼节。电视剧里的拉尔夫·克莱姆登，那位不朽的本森赫斯特巴士司机，倒是可以说"reserving an alley for Teddy and I"，因为该角色的扮演者杰基·格黎森（Jackie Gleason）是喜剧演员，他演得越可笑越好。出了错反而更搞笑，也揭示出拉尔夫因自尊心受损，需要找到优越感，以显示自己比诺顿更有教养；同时也暴露出他的无知，使我们这些观众有种优越感。可谓通过对话形式让人出洋相。

无论是在家还是工作场合（这就不应该了），休闲度假还是假期加班，这个错误都会出现。有一对夫妇，姑且称呼他们为佩妮（Penny）和杰特（Jeter），曾到我在洛克威的家里玩，看到我摆在桌上的樱桃，便大吃特吃。杰特说："下次别把樱桃摆在我和佩妮面前了。"（Don't put a bowl of cherries in front of Penny and I.）我很高兴买了他们爱吃的——我也喜欢吃樱桃——我也不会非要杰特说"in front of Penny and me"，不然就把樱桃夺走。我反倒觉得他对老婆无微不至，这份宠爱很有魅力。但这样的措辞的确让我很不自在，下次再买樱桃时我可得三思了。

某位同事给全编辑部发了封邮件说："谁有汤姆·范德比尔特的《开车心理学》？请联系维姬或我。"（If you have a copy of Tom Vanderbilt's *Taffic*[1], please contact Vicky or I.）"是 Vicky or me！"我对着电脑嘟哝了一句，"你不该犯这个错！你绝对不会说，'Please contact I' 吧？"我确实不会指出发件人的错误，但也不准备把我那本《开车心理学》借给他。出乎意料的是，他的一名下属发了封回复所有人的邮件，指正她的上司："是 Vicky or *me*。"也不知道下次这位老板需要助理时，她会得到提拔还是被忽略。

我的朋友卢塞特（Lucette）和姐姐凯特 (Kate) 是一对文学姊妹花，两人亲切可人、充满自信，我极为敬重她们。卢塞特说，她平生总是恭敬地称二人为"Kate and I"。她们可以说是最忠于彼此、最能相互扶持的姐妹了。当卢塞特把"Kate and I"放在介词短语中，说"He sent flowers to Kate and I"

---

1. 该书英文全名为 Traffic: Why We Drive the Way We Do (and What It Says About Us)，中译名有《开车经济学：我们为什么这样开车？》（徐彬译，中信出版社，2009 年）、《开车心理学：为什么我们一开车就变了样子？》（邹熙、陈晓斐译，中信出版社，2017 年）等。

（他给凯特和我送了花）之类的句子时，我就觉得浑身里里外外不舒服。只有一次，我咕哝着说："是 Kate and me。"毕竟，她是一所世界级大学的英语系主任，我不想让她难堪，她却回应道："口头说说嘛！"确实，这些例子全都来自日常口语或电子邮件，没人会把我们的交谈录下来或刻在石头上。再说了，语言学家也支持她，认为"Kate and I""Vicky and I"和"Penny and I"是意义单位，人们习惯保持不变，哪怕它们充当的句子成分要求将其变为"Kate and me""Vicky and me"和"Penny and me"。人们把这些复合词看成像音乐剧"The King and I"（《国王与我》）一样，前后加着引号。我爱看《国王与我》，尤其是尤尔·伯连纳（Yul Brynner）和黛博拉·蔻儿（Deborah Kerr）表演《我们跳个舞吧？》(Shall We Dance) 的曲目。[不过私下跟你说，《开始了解你们》（Getting to Know you）略过不看也罢。]

　　我朋友戴安（Diane）在 Facebook 上发帖，与朋友讨论她儿子说的一句话："That's what they did for Nolan and I."（他们就是这样对待诺兰和我的。）她说："是 Nolan and ME。"儿子却争辩道："语言已经演变了，现在很多人觉得'Nolan and me'才是错的。"接着他说了句重话，足以让任何父母听了心头一沉："再说了，谁在乎啊？"

　　很多人齐声回复用"me"（毕竟都是她 Facebook 上的朋友），但也有少数人同意她儿子的说法，认为语言确实演变了，"you and me"可能会像"I and thou"（我和你）一样过时。戴安又举了个例子："去年夏天，我在找太阳镜时，看到杰米手里拿了一副，就问：'Are those they?'（是它们吗？）他答道：'No, those are not they.'（不，它们不是它们。）说罢放声大笑。"

再以歌曲《依帕内玛的女孩》（The Girl from Ipanema）为例。我不懂葡萄牙语的歌词（毕竟是巴西的歌），但是在艾斯特·吉芭托（Astrud Gilberto）演唱的英文版中，这首轻柔的波萨诺瓦歌曲里有个代词总让我分心。一名男子每天都看着一位美丽姑娘从面前经过、走向海滩；他爱上了她，可"她目视前方，不看他一眼"（she looks straight ahead – not at he）。哦哟。怎么回事？难道老古板就不能放松一下，喝杯凯匹林纳鸡尾酒，听点轻松音乐吗？多数人喜欢这首歌，而不是听得咬牙切齿。我去问一位语言学家，她说："我总以为是闹着玩的。"结果，还真有人听得咬牙切齿，此人就是英文版的词作者诺曼·金贝尔（Norman Gimbel），他原本写的是"she looks straight ahead — not at *me*."是歌手把它改成了"he"，或许是想以她的性别调整一下歌词（毕竟这首歌是写来给男歌手唱的），但她的英文造诣不太高。不管怎样，有一点大家似乎达成了共识：这丝毫不会减少依帕内玛女孩的魅力。

"Those are they"或"not at he"也许会让一些人不禁莞尔，可我一直在思忖：我们为什么要在乎呢？这也是习惯使然吗？我们是在保护自己敏感的神经吗？你甚至没法警告小孩说，如果用不对代词，长大后就当不了总统，因为连美国数十年来最有口才的总统巴拉克·奥巴马（Barack Obama）都说过"a very personal decision for Michelle and I"（这对米歇尔和我来说，是一个很私人的决定）、"graciously invited Michelle and I"（盛情邀请米歇尔和我）这样的话。女作家吉莉安·弗琳（Gillian Flynn）的悬疑小说《消失的爱人》(*Gone Girl*) 里有段话让我读得很激动：

> The woman remained in the car the whole time, a pacifiered toddler in her arms, watching her husband and me trade cash for keys.
>
> 这期间，那女人一直待在车里，怀里抱着一个吸奶嘴的幼儿，看着她丈夫和我用现金换回钥匙。

这句话语法正确，用的是"her husband and me"。我心想，吉莉安·弗琳，真有你的！祝你的书卖上几十亿本，像麦当劳的汉堡一样热销！后来我才发觉这是人物的心理活动，不是作者的想法（虽说也不无可能），而这个人物恰好还是那种势利眼，让正确语法无端蒙上恶名。

所以，我也许有点像堂吉诃德，这一战可能早就败了，但我仍要只此一次地提出请求，正如诺亚·韦伯斯特所言："也许能予以解决。"究竟为什么"between you and me"是对的，而"between you and I"是错的呢？倘若你肯花点功夫，理清词性，学习语法规则，领会其美妙与简洁之处，你就会发现掌握正确的用法容易多了。

◆◆◆

我们将从动词"to be"说起，接着讲及物动词（transitive verb），再谈谈动词前后的名词，最后讨论与名词和动词搭配的介词：全都与句子中的功能有关。这就是所谓的学以致用。

"To be"是最重要的动词，有 am、are、is、was、were、will be、has been 等丰富多彩的形式。语言学家称之为"系动词"（copulative verb）。（许多语法学家更喜欢用"linking verb"，但我得说"copulative verb"令我印象颇深 [1]。我在大三的一节语法课上，初次听到这个术语，当时就隐约觉得英语语法会很有趣。）系动词的功能是连接名词，像管道工接管道一样，把雄接头插进雌接头（这可真是管道专业术语哦），使二者结合起来。系动词的功能形同等号："I am a copy editor."（我是文字编辑）、"my plumber is a saint."（我的管道工是个圣人）、"you are the reader."（你是读者）。

这些简单句中的名词和代词（I、you、copy editor、plumber、saint 和 reader）全都属于相同的语法类别。在语法中，名词（或是它的化身——功能强大的代名词）在句子中扮演的角色称为"格"（case）。充当主语的名词（I、my plumber、you）是主格，而通过动词与之相连的名词（copy editor、saint、reader）也是主格。这就是系动词的力量。（一

1. 作者之所以对"copulative verb"印象深刻，大概是因为"copulative"既有"连接的，结合的"又有"交媾的"之意。

看到标题里的动词"is"或"be"小写我就来气，长得小不代表不重要啊！）拉丁语中的主格叫"nominative"，就算你不懂拉丁语也容易理解，因为英语中的"to nominate"就是"提名"的意思，而名词本来就是事物的名称。不过，并非所有的动词都可以当作"to be"（虽然有些动词的功能相同），而名词也不总是在主格的位置，全由句子的结构而定。

有个术语叫及物动词（transitive verb）。"Transitive"一词引不起我的兴趣，真希望有其他词能替代它。这个词源自拉丁语，不过别怕，我们认识的英语单词很多都有拉丁词根，可以推断出 trans 是"across"（穿过）或"through"（通过）的意思，例如"transmit"（传输）或"translucent"（透亮的）。中央公园的"transverse"（贯轴）能让你穿越公园。这类动词将某个动作从主语转移给另一个名词，该名词与主语的关系不那么紧密，叫作宾语。例如："The mechanic inspects the car."（修理工检查了那辆车）、"The car fails inspection."（这辆车没通过审查）、"The engine needs oil."（引擎需要油）等。及物动词指向能完成该动作的某个人或物。修理工检查的对象是什么？那辆车。这辆车没通过什么？审查。引擎需要什么？油。这些名词是动词的直接宾语，当名词充当宾语时，它就在宾格的位置。拉丁语称之为"accusative"（宾格），例如"I accused the mechanic of overcharging me."（我指控那名修理工多收了我的钱。）如果你学了外语（我建议你学一学），就会经常看到"accusative"这个词。我是到了大四学德语的时候，才了解这些语法知识。

为什么要说这些呢？因为其他语言，包括德语、希腊语和拉丁语，都有宾格；而某些语言（尤其是希腊语、德语、拉丁语和爱尔兰语）中的名词做主语或宾语时会有形式变化。另外，还有一些语言有三个、四个、五个、七个乃至十五个格位，而且不只是名词，所有与之搭配的冠词、形容词等都要依格位而变化。英语则基本不用这么麻烦。只有代词这个备受尊重的古老词类，才有相应的变化，体现出我们与盎格鲁 - 撒克逊人之间的联系。此外，由于英语代词的某些变化，与其他语言中名词和代词的变化有相通之处，格位系统便将英语与其他语言，如葡萄牙语、荷兰语、拉丁语和古希腊语，连接起来，使我们成为全球历史的一部分。

我们小时候学习代词转换的过程磕磕绊绊。"Her is a sweetheart"[1]（她是个甜心）是十足的儿语。我有个朋友住在皇后区，她会说"Me and him are going away for the weekend"之类的话。她可真行！但我不想纠正她。我无意给所有人套上语言的紧身衣。严格说来，系动词需要搭配主格述语。主语或主格代名词有：I、you、he/she/it、we、you、they。小孩子终究能学会说自己的妹妹"She is a sweetheart"（不过，到那时他可能就不那么认为了）。我在书库的上司海伦·斯塔克，在工作场合给丈夫艾拉（Ira）打电话时，会说："Hi, it's I."（嗨，是我），可见海伦有多么强硬。当我的朋友戴安在找太阳镜时问："Are those they?"

---

1. "Her"是宾格或所有格，此处是主语，应该用主格"she"。

惹得儿子哈哈大笑，但是她在布里尔利学校的老师们想必会心中欢喜。《辛普森一家》里的伯恩斯先生（Mr. Burns）发现荷马的父亲阿毕·辛普森（Abe Simpson）当过摔跤选手，绰号"魅力戈弗雷"（Glamorous Godfrey），便人叫："You were he!"（原来你就是他！）他的语法可真棒，所以他是个反面角色。

顺便说一句，有些动词后面不接宾语，也不是系动词，而是反映主语状态的不及物动词（intransitive verbs）。及物动词将主语的动作移至宾语，不及物动词则只表达主语本身的行为，如"Humpty Dumpty sat on the wall."（蛋头坐在墙头上）、"The self-driving car took off by itself."（无人驾驶车自己开走了）、"The little dog laughed to see such a sight."（看到这番情景，小狗笑了起来）。系动词是不及物动词（不接宾语），属于特殊的高性能类别。凯伦·伊丽莎白·戈登（Karen Elizabeth Gordon）在其著作《吸血鬼的语法课》（*The Transitive Vampire*）[1] 中，列了一长串系动词：除了动词"to be"的各种形式外，还包括"感官动词"（如 *look*、*sound*、*taste*、*smell*），"以及 *appear*、*seem*、*become*、*grow*、*prove*、*remain* 等动词"。由于这些是系动词而不只是不及物动词，所以"东西吃起来不错"要说"something tastes good"（接形容词）而不是"well"（副词）。该动词"taste"把真正的意义甩给了前面的代词"something"，而代词是由

1. 该书全名为 *The Deluxe Transitive Vampire: The Ultimate Handbook of Grammar for the Innocent, the Eager, and the Doomed*（《吸血鬼的高级语法课》）。

形容词而不是副词修饰的。"心情不好"是"I felt bad"而不是"I felt badly",因为后者的意思是"笨拙地摸索"。动词"felt"肯定也是感官动词,只是戈登没列出来。"bad"与主语融合在一起,而不是用副词来修饰自身。

可能有人要问,如果我们能用宾格代替主格,比如"It's me again"（还是我啦）,为什么不能用主格代替宾格呢?问得也不无道理。语法有点像管道系统。有些下水管的设计能处理双层卫生纸,有些则比较脆弱,只能冲走单层的。能冲走双层纸的可以冲走单层的,但是硬要反其道而行之,你就是自找麻烦。

我觉得这个错误耐人寻味。大家似乎都觉得主格代词比较正式,仿佛英语区分"I"和"me"的方式,就像意大利语、法语和德语用不同形式的"you"来表示关系的亲疏远近。"I"并不是"me"的正式形式。"Me"确实听起来更亲密些,也许正是这种私密的意味,使公众演讲者刻意回避它。"I""he""she""we"和"they"比它们的宾格形式生硬些。"me""him""her""us"和"them"更柔和灵活,更容易放在不同的位置;也许跟它们是宾语有关,只是主语的跟班,而不是大无畏的主角,得为自己的行为承担责任。大家不妨像歌手练嗓子一样,唱唱"Between you and *mi-mi-mi-mi-mi*",没准儿管用。

如果你更喜欢拿汽车来解释,听好了:以我的理解,气缸盖垫片起密封作用,不让引擎润滑油从某个汽车部件（化油器? 曲轴箱? 还是螺线管?）中流出来,燃料和氧气以适当比例混合，进而启动活塞使马达持续运转、车子在路上行驶。代词是润滑油，动词是汽油，名词是空气，格位系统是让各部件顺畅运转的垫片。只有垫片损坏时你才会察觉。如果听不明白，只用把钥匙插进点火开关，转一下就好了。

◆ ◆ ◆

一旦理解了主格和宾格，并牢牢掌握了系动词，另一个常见的用法问题便像在威尼斯顺水行舟般轻松，即"who"和"whom"的区别。这个问题困扰了不少人，不过也有些人觉得根本就没什么好烦的。史蒂夫·平克（Steven Pinker）[1] 写道："Who 与 whom 之辩已经过时了；在美国，只有刻意求工的作家和矫揉造作的演讲者才坚持用 whom。"我想这个说法没人会反对。《卫报》编辑戴维·马什给其所著的语法书起名为《丧钟为谁而鸣》（For Who the Bell Tolls），这本是约翰·邓恩（John Donne）[2] 的名句，从封面设计能看出，"whom"中的 m 被抹掉了。也许"whom"真的过时了，那威尼斯不也一样？可我们还是喜欢去那里。

除了"For whom the bell tolls"之外，有没有什么时候用"whom"是正确的呢？它又是怎样发挥作用呢？在诗句"And therefore never send to know for whom the bell tolls"（因此，别问丧钟为谁而鸣）中，"for whom the bell

---

1. 史蒂夫·平克（1954—），加拿大裔美国实验心理学家、认知科学家、语言学家和科普作家。
2. 约翰·邓恩（1572—1631），17 世纪英国著名的玄学派诗人。

tolls"是直接宾语。它回答了"别问什么？"这个问题。但是在该句中，"whom"只是介词"for"的宾语，即"the bell tolls for whom?"这五个词是英文中含义最深的字眼。

当代词是主语或谓语性主格时，用"who"；代词是直接宾语、间接宾语或介词宾语时，用"whom"。但是有个问题：有时宾语不只是名词，而是从句，如同句中句，而从句有自己的主语、谓语动词和宾语。遇到这种情况，别慌乱。暂时停下手中的桨，让船自行漂流，直到想出对策。

下面是一个句子结构很普通的例子，其中的关系代词险些印成了"who"：

---

the dissident blogger, whom the government had recently allowed to travel outside of the country.

政府最近才允许这名唱反调的博主出境。

如果你把从句改成独立的句子，把关系代词改成人称代词，其格位便显而易见，即：

The government had recently allowed HER (objective) to travel outside of the country

---

政府最近才允许她（宾语）出境。

还有一个本应该用"who"却用了"whom"的例子 [出自《C & T》（*Car & Travel*，汽车与旅游）杂志，我是从汽车协会的邮寄品中拿到的]：

> If someone approaches you waving a big pair of greasy jumper cables, tell him that you've contacted your roadside service provider and the police, whom will be there shortly.

> 如果有人挥舞着油腻的大号跨接电缆朝你走来，告诉他你已经联系了道路救援服务人员和警察，他们很快就到。

谁很快就到？警察很快就到。警察是从句的主语，所以关系代词应该是主格。

网络上充斥着本该用"who"却用了"whom"的句子，但是很多都可以忽略——看一眼，皱皱眉头，也就罢了——有些却挥之不去，因为它们所在的句子本身写得很妙，让你很想转发到 Facebook 上与朋友分享。我的歌手朋友安妮·班兹（Annie Bandes，又名 Little Annie Anxiety）就发过一些感情真挚但又故作聪明的帖子，希望她不介意我拿来当作不该使用"whom"的例子。安妮写道：

> In this bright fall light the damage humans be wearing is so in your face that its near impossible to not love—even those whom are screaming for a bitch slap.

> 在这明媚的秋光里，那些人穿着难看的衣服，大模大样地在你面前晃荡，真是让人想不爱都难——连那些摆明了找抽的人也不例外。

安妮认为她爱的对象按逻辑应该是宾格，而"who"的宾格是"whom"，这点没错。但是她这句话中的对象并不是个简单的代词（在"impossible to love"后有个暗含的宾语"them"），而是那个爆笑而挑衅的从句："those [humans]"是主语，"are screaming"是动词，"for a bitch slap"是介词短语，描述这些人想要什么。因为"those humans"动作"doing the screaming"的主体，就是从句的主语，代词应该放在主格，尽管那些欠揍的人在主句中承担着宾语的角色。自问一下：谁摆明了找抽？答案是主格代词"他们"（they），所以"who"应该是主格才对。

Some public display of affection photos remind me of 'Best In Show' owners walking their dogs – except the relationship between one and their pet children is true – Sometimes some human PDAs really skeeve me out... the goo goo eye ones where ya can tell whom is top dog – oy vey maria Im cranky today.

某些公开秀恩爱的照片让我想起《人狗对对碰》中遛狗的主人，不过人家和宠物之间的感情可是真挚的。有时候，一些秀恩爱的照片真叫我恶心……从那含情脉脉的眼神，就能看出谁是老大。哎哟，我今天脾气不好。

臭女人，你要是看到这段脾气会更不好。我喜欢动词"skeeve"，也明白"PDA"是"public display of affection"的缩写（虽说乍一看我还以为是某种性病），"the goo goo eye ones"中间没加连字符我也看得过去，但是"ya can tell"的宾语是一个从句，它本身就是一个完整的句子："who is top dog?"

我欣赏这些帖文中流露出的真情实感，但是在我看来，其中的语法错误就像河流中央漂浮的垃圾一样，让效果大打折扣。"who"不会因为位于句中就变成"whom"。选择"who"还是"whom"取决于它在所处的从句中的功能，而不是看它是句子的宾语或介词的宾语。详细分析一下：你会"You can tell he (or she) is top dog"，但绝对不会说"You can tell him (or her) is top dog"。重点来了："who"和"whom"是关系代词："who"代替"he、she、they、I、we"；"whom"则代替"him、her、them、me、us"。

顺便提一下，这些规则更适用于书面语。在口语中可别冒险，除非你很有把握，用"who"（或 whoever）妥当些。记住了："who"不会因为位于句中就变成"whom"。正确使用 "whom"比你想象的要简单。用对了能提升文采，用错了则有碍行文流畅。

第五章

逗号，逗号，变变变

大约在 1490 年，威尼斯印刷商阿尔多·马努齐奥（Aldo Manuzio）发明了逗号，用来切分句子，避免歧义。希腊语 *komma* 意为"被切断的东西"，即片段（阿尔多在文艺复兴全盛期印制希腊经典，逗号也是文艺复兴时期的一项发明）。随着逗号的广泛使用，混乱也开始产生。逗号的使用大体分为两个学派：一派主张即兴发挥，用逗号来表示停顿，如同音乐中力度的变化。朗读时，逗号能提示何时该呼吸换气；另一派运用逗号来凸显深层结构以阐明句意。两派都认为对方昏了头，论战时既剑拔弩张又有点可笑，就像神学家们争论针尖上能站多少个天使一样。赫尔曼·梅尔维尔写的句子中能加几个逗号？或者，更直截了当点，《纽约客》的句子中能加几个逗号？

看似简单的连续逗号也能激起热烈的争论。所谓连续逗号，是指列举三个及以上事物时，在"and"之前加的逗号。用连续逗号的句子有："My favorite cereals are Cheerios, Raisin Bran, and Shredded Wheat."（我最爱的麦片品牌有：晶磨、葡萄干麦麸和麦丝卷。）不用连续逗号的句子有："I used to like Kix, Trix and Wheat Chex."（我以前喜欢的品牌有基克斯、崔克斯和切克斯麦片。）（请问：如果有字母形花片汤[1]，为什么没有标点符号麦片呢？研发出一种泡牛奶不变形的高纤维谷物逗号有那么难吗？）连续逗号的支持者认

---

1. 字母形花片汤（alphabet soup）：是一种意面汤，汤里的意面都做成字母形状，常做成罐装浓缩肉汤出售。可以用来教幼儿学习字母，起到寓教于乐的作用。

为，它能避免语义模糊，因此更可取。对此我表示赞同。而且，我很懒，觉得一贯到底地使用连续逗号更简单，这样就不用每次遇到列举都得停下来，考虑在最后一项前面的"and"之前加上逗号，是否真能避免语义模糊。我极力想找到一个例子，来说明不使用连续逗号会导致语义模棱两可，却怎么也想不出一个合适的。能产生语义模糊的连续逗号特别难找，我不禁纳闷是不是干脆不用连续逗号也行。在我的办公室，这可是异端邪说，但是冒着被烧死在火刑柱上的风险，我还是要说：难道只用"and"还不够吗？毕竟，在一连串列举中其他逗号就是用来替代"and"的，例如："Lions and tigers and bears, oh my!"[1]（狮子和老虎还有熊，哦天！）在"and"前加逗号是多余的。我是个逗号的异教徒。

好在网络上有很多例子，因为没用连续逗号而显得荒唐可笑：

"We invited the strippers, K and S."[2]

基于该网络例句，曾开展过两项调查：一是支持或反对连续逗号；二是 K 和 S 这两位脱衣舞男，谁的衣着更好看。结果是连续逗号和 S 获胜。

"This book is dedicated to my parents, Ayn Rand and God."[3]

1. 此句出自《绿野仙踪》（*The Wizard of OZ*）。

2. 本意是"我们邀请了脱衣舞女、K 和 S"，但是由于缺少连续逗号，就成了"我们邀请了脱衣舞男：K 和 S"。

3. 本意是"谨以此书献给我的父母、艾茵·兰德和上帝"，但是由于缺少连续逗号，就成了"谨以此书献给我的父母：艾茵·兰德和上帝"。

这句话也被广为引用，上帝不断变换配偶，其中有希拉里·克林顿（Hillary Clinton）。

还有一位西部乡村歌手"was joined by his two ex-wives, Kris Kristofferson and Waylon Jennings"（本意是"与他的两位前妻、克里斯·克里斯托佛森和韦伦·詹宁斯同台演出"，但是由于缺少连续逗号，就成了"与他的两位前妻：克里斯·克里斯托佛森和韦伦·詹宁斯同台演出"）。

总而言之：加或不加，二者选一，前后保持一致，别牵扯上道德问题。真是这样吗？也许按照不同例子的特点区别对待、视需要增减连续逗号更好。英美很多报纸都不使用连续逗号，这也强调了无论是纸质版还是电子版，新闻都应快速阅读的观念，因为它的时效性短，时间一久，就不是新闻了。印刷文字或文本应当简洁精炼、流畅无阻。也许有朝一日，每则动态消息之间的三个点（英文省略号）将成为主流，就像纽约时报广场大楼不停地滚动播放的大屏新闻看板，或美国有线电视新闻网（CNN）的跑马灯，而所有的文本看上去都会像塞利纳[1]（Céline）的小说。当然，公告牌、路标和霓虹灯等广告形式要避免使用标点。省略连续逗号能节省时间和空间。《韦氏3》的编辑们曾通过删减逗号，省下了80页的篇幅。

---

1. 全名路易－费迪南·塞利纳（Louis–Ferdinand Céline, 1894—1961年），法国小说家、医生，代表作有《茫茫黑夜漫游》《死缓》等。其作品多揭露人性的丑恶，描述罪恶、混乱和绝望。写作风格独特，如口语化书写、大量使用省略号等。

但是，假如你并不赶时间，读书时习惯默念或在脑海中诵读每个单词，而你看的恰是一本维多利亚时代的小说或威尼斯的历史书，你就有充裕的时间好好咀嚼这些逗号。如果我供职于某家不用连续逗号的刊物，我会调整自己去适应——从正统派变成改良派——但目前我仍继续使用连续逗号，因为它确实能避免语义模糊，而且我也习惯了这种用法。连续逗号使文章爽利挺括，也有助于增强阅读效果。如果说句子是栅栏，连续逗号就是等距分布的尖头木桩。

不过，一听到有人称连续逗号为牛津逗号（Oxford comma），我就怒火中烧。凭什么功劳都让牛津给抢走了？为什么这个更严谨、更保守的选择归属牛津大学，就像有领扣的衬衫叫牛津衬衫、中性系带鞋叫牛津鞋？为什么不叫哈佛逗号、罗格斯（Rutgers）逗号或考恩哈斯克[1]（Cornhusker）逗号？我去过牛津一次，那是从伦敦出发的一日游。我参观了农舍花园，在一家酒吧吃了午餐，酒吧是茅草屋顶，女士和农场工人要分别从不同的门进出。我从来没有如此格格不入的感觉。

牛津逗号是牛津大学出版社起的名，使用连续逗号是该社的版式风格（其公关部门却并不延用，大概是觉得浪费时间和空间吧。这些机构的业务部门做事求快，反对累赘冗余。连续逗号是民间派与学院派之争的一枚卒子）。称其为牛津逗号多了几分格调和些许附庸风雅的意味。年轻人会在推特和交友网站的个人资料里使用（确切地说，是提到）连续逗号，以显示自己讲究规范。如果你使用牛津逗号，十有八九也会把衬

1. 美国内布拉斯加州居民的绰号，意为剥玉米皮的乡巴佬。

衫打理得一尘不染才出门。英国人两头落好：名是他们先起的，后来又嫌弃它做作，反过来又嘲笑美国人是牛津逗号的拥趸。

◆◆◆

说到随性使用标点，最典型的例子莫过于作家查尔斯·狄更斯（Charles Dickens）。他在世时，就以举办个人作品朗诵会而闻名。我想，鉴识专家若是有心，可以利用狄更斯的逗号使用特点研制一种仪器，让演员朗读他的作品，由此来测量这位作家的肺活量。我们知道，狄更斯的稿费以字数计算（如今的作家依然如此），这也常用来解释他著作丰硕的原因。但我觉得，他的标点符号可能也计入了稿酬。狄更斯尤其喜欢在主语和谓语之间插入逗号，对此，现代两大标点学派难得意见相同，一致认为这是错的。读狄更斯的作品，读不到两页，就会遇到这样的句子而被迫停下来，例如《尼古拉斯·尼克尔贝》（*Nicholas Nickleby*）里的：

But what principally attracted the attention of Nicholas, was the old gentleman's eye... Grafted upon the quaintness and oddity of his appearance, was something so indescribably engaging . . .

但是真正吸引尼古拉斯的，是老先生的眼神……在他那古怪而奇特的相貌之中，还有种难以名状的魅力……

按照现代标准，这些触目惊心的逗号是不合规范的，得把狄更斯送到斯奎尔斯先生（Mr. Squeers）[1] 那里好好调教一番。毫无疑问，这些逗号旨在提升语调、适时停顿，当作者当众朗读（这得靠读者想象）时，能增添几分悬念。"The first house to which they bent their steps, was situated in a terrace of respectable appearance."（他们走过去的第一栋房子，位于气派的联排住宅区。）我知道当时流行这么用，但是裙撑一度也很流行啊。这些扎眼的逗号也常常插在动词和宾语之间。下文引自狄更斯于 1856 年写的一封信："She brought me for a present, the most hideous ostrich's Egg ever laid."（她带给我一份礼物，史上最丑的鸵鸟蛋。）因为逗号的缘故，这句话开始会让人误以为代名词是直接宾语，即"She brought *me* for a present"，直到真正的直接宾语出现，即"the most hideous ostrich's Egg ever laid"，这个误会才化解。当然，这些例子并不是想说狄更斯名过其实。他的逗号是一份历史记录，而且狄更斯的小说里有大量对话。我若是他的编辑（那可是莫大的荣幸），可能会忍不住想修改这些逗号，但并不妨碍我从《我们共同的朋友》（*Our Mutual Friend*）里的博芬先生（Mr. Boffin）或《尼古拉斯·尼克尔贝》里的小神童（Infant Phenomenon）中获得乐趣。我不由得想，如今的标点用法是正确的，我们正处于标点的复兴时期，狄更斯至少能让我们引以为戒，不要滥用逗号，别把主语和动词或动词和宾语隔开。

1. 斯奎尔斯先生，全名沃克弗德·斯奎尔斯（Wackford Squeers），是狄更斯小说《尼古拉斯·尼克尔贝》中约克郡一所寄宿男校的校长、性格暴虐。

自标点符号发明以来，便历经发展和演变，受到各种理论和惯习的影响，犹如医药或女帽行业。赫尔曼·梅尔维尔要么极其拙于使用标点符号，要么是当时的编辑惯例的牺牲品，或者两者皆然。下面这个例子引自 1850 年初版的《白夹克，或者一个人的世界战争》（*White Jacket; or, The World in a Man-of-War*）：

Often I have lain thus, when the fact, that if I laid much longer I would actually freeze to death, would come over me with such overpowering force as to break the icy spell, and starting to my feet, I would endeavour to go through the combined manual and pedal exercise to restore the circulation.

我常常就这么躺着，但是一想到我再躺下去真会活活冻死，就有一股无比强烈的力量席卷全身，打破了冰咒，我会从脚开始，努力活动活动手脚，以恢复血液循环。

这句话有不少地方怪怪的。梅尔维尔为什么要把"the fact that"这个短语拆开呢？他经常在"that"前加逗号，不禁让人猜测他是不是把"that"和"which"搞混了。梅尔维尔使用逗号的原意是为了提示朗读时如何读得抑扬顿挫，但是依照现代的标准，这些逗号非但没起到辅助作用，反而造成了阅读障碍，也为解构句子提供了绝佳的素材。

至于需不需要用逗号来分隔词组，有个检测方法是去掉逗号之间的这个短语或从句，看句子是否依然成立：

> Often I have lain thus, when the fact would come over me with such
> overpowering force as to break the icy spell...

"事实"（fact）是什么？除非你事先知道是什么破除了
冰咒，这个句子才说得通。当然，这个例子已经失效了，因为
我们已经看过整个句子，知道指的是会冻死。但是，如果你初
次看到这个句子，并不知道是什么"事实"促使男主人公白
夹克（可能会冻死）活动手脚，你就看不懂是什么意思。如果
从句对理解句意不可或缺，就不该用逗号隔开。这叫限定用法，
这个令人生畏的字眼是语法学家提出的术语，以此来避免使
用逗号（一般人以为我们做编辑的就爱加逗号，其实不然）。
如果某个短语能使句意严密，能用一根无形的丝带圈住全天
下所有事实中唯一适用的那一个，那它就属于限定用法。

该句的标点符号经（部分）调整后，如下：

> Often I have lain thus, when the fact that if I laid much longer I would
> actually freeze to death would come over me with such overpowering force
> as to break the icy spell, and starting to my feet, I would endeavour to go
> through the combined manual and pedal exercise to restore the circulation.

我不假思索地将"death"后面的逗号和"that"前面的
逗号视为一对，一并删去。逗号就像修女，总是结伴而行。也
许梅尔维尔（或他的编辑）认为这句话里的"death"后面需
要加个逗号，以免被读成"death would come over me"。
但是"death"后面的逗号把主语和动词分开了，这是大错，
就好像梅尔维尔在波涛汹涌的海上射飞镖，结果都没打中靶

子。"Death"后面不需要逗号，因为词序（句法）已经确保了相互从属的句子成分连在一起。

如果他必须加两个逗号，调整成下面的句子或许更容易接受：

Often I have lain thus, when the fact that, if I laid much longer, I would actually freeze to death would come over me…

我们去掉"if"从句来检查一下：

Often I have lain thus, when the fact that I would actually freeze to death would come over me with such overpowering force as to break the icy spell ...

缺了点什么。"Would"需要某种情境或条件，即白夹克会冻死的前提"if I laid much longer"。因此，我们非但不需要逗号，还要拒绝使用逗号。但是梅尔维尔显然很喜欢逗号，他的逗号调味罐想必有橡木酒桶那么大。

该句的后半部分——"and starting to my feet, I would endeavour to go through the combined manual and pedal exercise to restore the circulation"——本该用一对逗号把"starting to my feet"隔开。这种句式结构的规则是：要么加两个逗号，要么一个也不加。如果该句以分词短语"starting to my feet"开头，一个逗号就很合适，但是因为它出现在复合句中，接在连接词"and"之后，前后都应该有逗号。你绝对不会写："And, I would endeavour to go through the combined manual and pedal exercise..."

这样修改的话：

> Often I have lain thus, when the fact that if I laid much longer I would actually freeze to death would come over me with such overpowering force as to break the icy spell, and, starting to my feet, I would endeavour to go through the combined manual and pedal exercise to restore the circulation.

分词短语前后的逗号不仅合乎逻辑，而且增强了句意：这个停顿和开始有突发动作的效果，使白夹克从句中凸显出来，像冰块从制冰盒里弹出一样。当然也可以完全不加逗号：

> Often I have lain thus, when the fact that if I laid much longer I would actually freeze to death would come over me with such overpowering force as to break the icy spell, and starting to my feet I would endeavour to go through the combined manual and pedal exercise to restore the circulation.

如果这样，梅尔维尔就变成了后现代作家。逗号象征着猛然起身，让叙事者有时间挣扎着站起来。这个简洁版似乎滤掉了梅尔维尔的个性，水分全无，只剩下干巴巴的句子。使用逗号能增添句子的活力。

虽说连接词后的引导式短语前后要加逗号，这一规则却常常被打破。《纽约客》的官方体例是要么加一对，要么一个也不加。但是当句子产生误读时，很多编辑就不遵从体例格式，偏好使用一个逗号。我有点想把梅尔维尔的这句话做如下改动，这样他所在的 19 世纪的标点用法尚能符合现代的使用准则：

Often I have lain thus, when the fact that if I laid much longer I would actually freeze to death would come over me with such overpowering force as to break the icy spell, and starting to my feet, I would endeavour to go through the combined manual and pedal exercise to restore the circulation.

梅尔维尔有自己的写作癖好，但他的遣词造句总是无可挑剔。一旦你被他的文字迷住，就会自动忽略他那些个人癖好，因为你更在意的是文字本身，而不是评判他对当时的编辑惯例掌握得如何。

◆ ◆ ◆

《纽约客》奉行"紧密的"标点风格。我们会用一个逗号将引导式从句隔开（小说就不一定了），但是连接词 [除了 "since"（因为，既然）或 "although"（虽然，尽管）] 后面或限定用法除外。有时，限定用法不是很好把握，这时就需要判断力了。本·雅戈达[1]（Ben Yagoda）引用了《纽约客》某篇网络文章中一个有多个逗号的句子："Before Atwater died, of brain cancer, in 1991, he expressed regret..."（1991年，艾特华特因脑癌去世，死前表示悔恨……）雅戈达写道："其他刊物不会在 'died' 或 'cancer' 后加逗号。《纽约客》之所以这么做，是因为（或者他们认为）如果没有逗号，会暗示艾特华特死了好几次且死因都不同。"他还说："当然，

1. 本·雅戈达（1954—），美国作家、教育家。特拉华大学英文和新闻学教授。

这很傻。"《纽约时报》和雅戈达偏好"稀疏的"标点风格，让所有的单词都连在一起，每个短语或从句的地位相当，由读者自行判断句意。一些读者对自己的判断力相当自豪，总爱给我们写信抱怨，还故意在每个单词后面加上逗号（and, put, a, comma, after, every, word），以显示我们的谬误。

私底下，我同意雅戈达的看法。有一次，我在核对埃莉诺·古尔德的一份校样，当把校样上所有的修改誊写到读者校样上时，产生了一个不安的念头："要是哪天埃莉诺疯了怎么办？"要是所有关于逗号、连字符和用法细节都是妄想之下的产物怎么办？里根总统执政期间，大家都知道他患有痴呆症，却又束手无策，任由国家自行运转。要是埃莉诺和《纽约客》也是这样，该怎么办？她年纪越来越大，晚年还失聪了，听不到自己修改的文字所代表的语音，谁也想不出一个解决办法，更没有人去编辑部对她说："放下铅笔，离开办公桌。"我们都受制于她，就像当时的美国受里根统治一样。我立刻起身，走到老板的办公室问："要是哪天埃莉诺发疯了怎么办？"她脸上的表情仿佛在说："你现在才想到这个吗？"我就明白我们早已没有回头路可走了。

在《纽约客》的逗号体例遭《纽约时报》揶揄之后，我认真思量了"逗号调味罐"的意思，那是露·伯克用来抗议滥用逗号而起的。其实，这些逗号并没有滥用，它们隔开了与句意关系不大的部分。雅戈达言辞温和地拿来取笑的那个句子，其重点是艾特华特在去世前表示悔恨。至于他的死因和死期，都是作者简·梅尔[1]（Jane Mayer）额外提供的细节，只是为了满足读者的好奇心，对句意并非不可或缺，所以是非限制性的。我甚至还想给这份讣告加个括号，像说悄悄话一样："Before Atwater died (of brain cancer, in 1991), he expressed regret ..."括号的作用往往像巨大的逗号，逗号则像迷你的括号。人们会为句子中的标点如此分心，而未能领略单词的含义，这让我很难过。

不久后，我收到了一封读者来信，反对马克·费舍[2]（Marc Fisher）某文章里开篇句子中使用的逗号：

When I was in high school, at Horace Mann, in the Bronx, in the nineteen-seventies, everyone took pride in the brilliant eccentricity of our teachers.

20 世纪 70 年代，我在布朗克斯区的霍瑞斯曼读高中时，学生都很喜欢老师们独具特色的教学风格。

这句话的重点是霍瑞斯曼高中的学生喜欢与教法独特的老师们互动。但是如果阅读的时候只盯着逗号，你就会错失重点。"紧密的"逗号风格并不是为了指引读者何时停顿、何时开始，比如狄更斯和梅尔维尔的逗号，而是特意标注出信息的主次。我不认为哪个逗号可以删掉。作者只读过一所高中，一所独一无二的私立中学，它恰好位于布朗克斯区，而他就读的时间是 20 世纪 70 年代。这些原本平淡的信息，放在这

1. 简·梅尔（1955—），调查记者、《纽约客》特约撰稿人。擅长于写钱权政治方向的调查报道，两次被提名普利策特稿写作奖。
2. 马克·费舍（1958—），《华盛顿邮报》资深编辑。

篇讲述师生情谊的文章中，显得格外有趣。标点符号如同布莱叶盲文，用浮雕效果突出了句子的形态样貌。虽然看起来起伏不平，但阅读时也不必把它们砍掉。这种标点符号的使用可以看作是阿尔多·马努齐奥的逗号依照逻辑发展到了极致，既不愚蠢也不疯狂，只是以一种微妙的方式表明句子的重点。其他刊物会让你自行判断，如果你喜欢那样，大可去读其他刊物。

◆ ◆ ◆

2013 年夏，我去纽黑文市参加一位朋友的婚礼时，买了本詹姆斯·索特（James Salter）的《光年》（*Light Years*）。我在邓肯酒店读起这本小说，有点遗憾自己没能去读耶鲁大学，又想起这位要结婚的朋友，他既是天主教徒又是古典主义者，两种身份完美结合，不知道往后还有没有继续交往的机会。《光年》写的是婚姻生活，从表面看，这对夫妇住在风景如画的曼哈顿近郊，一场接一场地举办令人艳羡的宴会和放纵的圣诞派对（两个女儿还养了一匹小马），实际上他们的婚姻正走向分崩离析。詹姆斯·索特是笔名，作者的本名是詹姆斯·霍洛维茨（James Horowitz）。他的小说只在《纽约客》刊登过一次，但是我刊的专栏作家尼克·鲍姆加登（Nick Paumgarten）近期却为他写了一份长篇介绍，在办公室引起了热烈的讨论，我便利用空闲时间拜读他的这本小说。

这是我第一次读詹姆斯·索特的作品，他文风优美，用词考究，因此当我看到某句似乎多了一个逗号时，有点意外：

Eve was across the room in a thin, burgundy dress that showed the faint outline of her stomach.

伊芙在房间的另一头，穿着薄薄的、酒红色礼服裙，隐约显出腹部的轮廓。

这句话让我停了下来。

我在编辑部当学徒时，职责之一就是整理《纽约客》刊登的圣诞节购物清单：一栏栏的商品被描述得天花乱坠。有适合男女老少的各式礼物、家居用品、大量的美食推介，但是送给女性的礼物最让我头疼。给女人买东西总少不了买衣服，也就是说会有一连串的形容词来描述颜色、材质、绒面、领口和袖长："old-fashioned Alpine house shoes, made of mouse-colored cattle-hair felt"（复古高山家居鞋，灰褐色牛毛毡制成）、"an Anna Karenina muff of purple suède with a lavish trim of red and black fox fur and with a hidden zippered pocket-purse ($985!)"（安娜·卡列尼娜款紫色麂皮手套，红黑色狐狸毛缒边，内嵌拉链式零钱包，售价 985 美元！）、"coats in dense and furlike hand-knitted angora"（毛茸茸的手织安哥拉兔毛大衣）、"roomy, below-the-knee culottes"（过膝阔腿裙裤）、"a floor-length cardigan coat in leaf-patterned black silk jacquard"（及地羊毛开襟大衣，叶纹黑丝提花）[后面是价格、店名（有时用所有格）和地址，加上军人般精准的标点符号］。我常常迷失在成堆的形容词里。名词前的多个形容词之间加逗号有什么规律可循吗？我研究了古尔德校样，试图猜测形容词赋予名词的不同特性的差异，琢磨为什么一连串的形容词之间不加逗号。用法指南上说，能用"and"替代的逗号就可以保留。我以此来检验詹姆斯·索特的那句话，"thin and burgundy"说不通。如果这本书由我来编辑，我会把逗号删掉，改成"a thin burgundy dress"。

该原则背后的逻辑是：这两个形容词不对等，不属于同一类别。较之"thin"，形容词"burgundy"与名词"dress"的关系更紧密。美语用法专家布莱恩·加纳提出了另一种检验方法：调换形容词的顺序。你会说"a burgundy, thin dress"吗？反正我不会。

我很好奇这个逗号是作家加的还是文字编辑疏漏了。我不相信是编辑所加。这一版的《光年》排版无可挑剔。有没有可能是作家执意保留的？考虑一下前后文："Eve was across the room in a thin, burgundy dress that showed the faint outline of her stomach."作者是想强调材质的轻薄，以流连于她腹部"隐约的轮廓"吗？果真如此的话，我想他就算不是好色，也是判断失误（她的名字伊芙有"夏娃"之意，显然是个诱惑男人的狐狸精）。但是我会让一个多余的逗号打扰我阅读的乐趣吗？狄更斯的逗号没打断我，索特的也不会。我会继续读下去。

我得承认自己并非完全公正无私。《光年》的序言作者是理查德·福特（Richard Ford），我曾经从他的一篇文章中删了一个逗号。那个令人反感的逗号出现在某个对话开头的"So"之后，但福特宁愿保留。在我看来，索特请理查德·福特作序，说明索特和他一样，对标点符号坚持己见。他也许是即兴发挥派，认为每个句子要由自己一手策划。我没读福特写的序。非作者本人写的序我从来不读。我觉得它很碍事，连读正文的心情都没有了。我曾经试着读《艾凡赫》（*Ivanhoe*）[1]，因为某儿童系列小说 [许是《崔西·贝尔登》（Trixie Belden）或《贝茜与塔西》（Betsy and Tacy）] 里引用了这本小说。结果，单是前面标着小写罗马数字的学术研究就让我读不下去，连正文都没读到。至今我都没看过《艾凡赫》。

接着又有一个逗号："She smiled that stunning, wide smile."（她露出了大大的、迷人的笑容。）加上"and"，"stunning and wide smile"这个短语说不通，"wide and stunning"也不行（不过如果是"wide, stunning smile"我可能就不在意了）。叙事者已经说过该人物有着大大的笑容（所以"that stunning, wide smile"里才会有"that"这个词），此处再度提及是要强化笑容的迷人。"Stunning"修饰"wide smile"，两个形容词不属于同一类，不该加逗号。

又有一句："It was as if they were aboard ship: some old, island steamer."（他们仿佛坐上了船，一艘老旧的蒸汽轮船。）"Island steamer"本身就是船只的一种，不加逗号也不

1.《艾凡赫》是英国作家沃尔特·司各特创作的长篇历史小说。1905 年林纾和魏易合译的文言文译本译名为《撒克逊劫后英雄略》。

会有人把这个短语误解为来自"某座古老的岛屿"的蒸汽船。

还有一个与海有关的句子："the ship was enormous... the vastness of its black, stained side overwhelmed them."（这艘船庞大无比……那沾满污渍的黑色船身极其宽敞，令他们震惊不已。）这里的逗号似乎想避免让人以为"black"和"stained"之间有连字符，并不是"black-stained side"（沾满黑色污渍的船身），而是黑色的船身，沾了污渍，即"a black stained side"。

我要再次说明：在我看来这四个多余的逗号并没有减少我阅读这本书的乐趣，但我确实停了下来，纳闷它们是从哪儿来的，是作者还是编辑所加？对此是否有过讨论？詹姆斯·索特显然耳聪目明，其笔名使人联想到"psalter"（诗篇），又有朴实率真之意。英文书名 Light Years 之间不加连字符（《韦氏词典》拼成"light-year"），将意义立体化了：从光年的距离来遥望无忧无虑的日子。为公平起见，举一个他把逗号用得最精彩的例子："He sailed on the France in the noisy, sad afternoon."（在那个喧闹而忧伤的下午，他乘法兰西号起航了。）"Sad and noisy"或"noisy and sad"都说得通。"Noisy"用得特别出彩，令人联想到源自希腊语的"nausea"，是"晕船"（seasickness）的意思。对语言如此敏感的人，会不会有使用标点的怪癖呢？

这些足以让我怀疑自己对逗号的判断力。有时候，"thin and burgundy"听起来也不错。工作时，我遇到一个短语"a stout, middle-aged woman"（一位富态的中年妇女），我不由自主地把逗号挑出来，然后又不确定了。"Stout and middle-aged"行吗？我觉得不行。"Middle-aged and stout"呢？绝对不行。这不是跟"a fat old lady"（胖老太太）一样吗？"Fat and old"或"old and fat"呢？"An old fat lady"吗？听起来像是马戏团里原本有个胖老太太，她的工作即将被新来的胖太太给抢走，到那时她就会变成另一个胖老太太。我快把自己逼疯了。

我决定给詹姆斯·索特写封信，问他如何使用逗号。他的回信如下：

有时，我不会管逗号使用规则，虽说大体上还是遵循传统惯例，并听从斯特伦克和怀特的建议。标点是为了让语义清晰、重点突出，但我也认为，如有必要，标点能增强句子的音乐性和节奏感。当然，这是不被允许的，得自作主张。

当一位不是诗人的作家用节奏感为自己辩解，编辑们往往会面面相觑。不过，詹姆斯·索特继续说明了上述每个句子中使用逗号的依据。如我所料，"Eve was across the room in a thin, burgundy dress that showed the faint outline of her stomach"里的逗号是为了突出礼服裙下的腹部线条。他写道："这不是一条薄薄的酒红色礼服裙，而是一条薄裙，颜色是酒红色。我想让读者留意裙子的轻薄，所以你说得没错。编辑可能把逗号标出来了，但我写了保留。""Stunning, wide smile"也是同理，他试图用逗号来左右"stunning"的效果，如同打台球时控制母球的走位。至于第三个句子，他写道："我想读者确实不会以为那是一座古老的小岛，但是我自己在读的时候，对'old and island'放在一起有点犹豫，就想加个逗号消除疑虑。"对我这个读者来说，这个逗号非但没有消除，反而增加了疑虑。关于最后一句，他写道："我觉得'black stained side'太模糊（loose）了。正如你所说，并不是船沾了黑色的污渍，而是黑色的船身沾了污渍。逗号能解决这个问题。"他使用的"loose"一词强化了梅尔维尔对标点符号的比喻："标点使文章紧凑，令行文井然有序。"（It tightens the prose, makes it shipshape.）当初马努齐奥使用逗号是为了切分句子的不同部分；但是，逗号不仅能将词语隔开，也能让它们连接得更紧密。

我猜露·伯克会对这些解释嗤之以鼻，我却对此心存感激，尽管詹姆斯·索特对逗号的使用方法不同寻常，但也给逗号赋予了近乎神奇的力量。作者未必能对自己的标点使用效果做出最佳判断，但他至少斟酌过。诚然，逗号并不能解决所有问题，有时反而会阻碍阅读。信末，他还推荐了延伸阅读："我在《娱乐与消遣》（*A Sport and a Pastime*）里的逗号用得要好些。"

• • •

我在《纽约时报》里读到三名优秀的英国作家同时

出现时，心头一阵雀跃。那是萨尔曼·鲁西迪（Salman Rushdie）主持马丁·艾米斯（Martin Amis）与伊恩·麦克尤恩（Ian McEwan）的对话。记者詹妮弗·舒斯勒（Jennifer Schuessler）称他们为文学界的"三大男高音"。在场观众事先提交问题，由鲁西迪念出来。其中一个问题是："在你写过的作品中，有没有什么地方想修改的？"舒斯勒说，这个问题读出来听着有点犀利。麦克尤恩"坦承他想把第一部短篇小说集里的一些逗号删掉。"我一直暗自希望能从詹姆斯·索特口中听到类似的坦白。

结果，麦克尤恩指的并不是他执意保留的多余的逗号，而是强行拿来取代句号的逗号，各地文法学校的老师称之为"一逗到底"（comma fault）：用逗号而非句号来切分完整的句子。类似"I came, I saw, I conquered"[1]（我来，我见，我征服）这样的句子倒是无妨，但是句子再长的话，就不是最好加句号，而是必须加句号。这是无可争辩的标点法则：句尾的句号表示停顿，提示新一句话的开始；不用句号，就成了为人不齿的"连写句"（run-on sentence）。不过，有时在一流的小说中，你也会看到只用逗号相连的句子，心里不免纳闷……如果是已出版的作品，那么这些逗号多半不是错误，而是有人（很多时候是作者）坚持保留的。这种快车式的句子，或许能透露叙事者的性格。一位笔名叫埃莱娜·费兰特（Elena Ferrante）的意大利作家常常是一个句子紧接着下一个句子，

---

1. 这是公元前 47 年左右，盖乌斯·尤利乌斯·恺撒（史称恺撒大帝）在泽拉战役中打败本都国王法尔纳克二世之后发给罗马元老院的著名捷报。原文为拉丁语"Veni, vidi, vici"。

停顿短得令人喘不过气来，久而久之，就产生了急迫的叙事效果。我找不到麦克尤恩早期的短篇小说集，也许正因为这些逗号被禁了吧。无论如何，他似乎已经改过自新。我曾经审过他刊登在《纽约客》上的长篇小说节选，不记得看到句尾有任何讨人厌的逗号。提起自己早期的作品，麦克尤恩说："我被贝克特（Beckett）[1] 迷住了，觉得逗号比句号更巧妙。但是现在看来一点都不妙。"

瞧，这位作家当初要是听编辑的话，现在就不会那么后悔了。

1. 塞缪·贝克特（Samuel Beckett, 1906—1989 年），法国作家，荒诞派戏剧的重要代表人物。代表作《等待戈多》。1969 年获得诺贝尔文学奖。

第六章

《白鲸》(*Moby-Dick*)中的连字符是谁加的?

以前我总想写本书,可又觉得很难:怎样才能让页面上的每一行右对齐呢?小时候在地下室玩玩具打字机时,这个问题就困扰着我。没想到,有朝一日竟然只用点击一下"两端对齐"(justify)的图标,每行的文字就会自动缩放对齐。不过,作家从来都不必为对齐文字伤脑筋,那是排版人员分内的事。自古腾堡(Gutenberg)[1]时代以来,排版人员就有连字符这个好朋友,随时用来切分单词,有时是出于发音或词源的考虑,有时则全然不顾。

人们对单词切分的意见特别大。多年前,我在爱琴海的多德卡尼斯岛(Dodecanese)乘船时遇到一位男士,他对我抱怨《纽约客》"English"和"England"的换行方式。我们按照《韦氏词典》,以音节来切分单词,分别拆成"En-glish"和"En-gland"。《韦氏新世界词典》(包括其他词典)按照意义单位来切分单词,因此拆成"Eng-lish"和"Eng-land"。让同船的先生烦恼的是,换行时"glish"和"gland"不好看,出现在专栏的首行尤其难看。

让我烦恼的是,身处爱琴海的我,却被一位美国人——从他穿的暇步士(Hush Puppies)休闲鞋能看出,他是大学英语教授——质问换行断词的问题(他还抱怨了订阅杂志遇到的问题)。说实话,我也不喜欢这种换行法:"glish"和"gland"

---

1. 约翰·古腾堡(Johannes Gutenberg, 1398—1468 年),德国发明家,西方活字印刷术的发明人。

单看确实不美观，可我已经深陷其中，度假时还不得不为此辩解一番，难免一肚子怨气。

在当时还是铅活字印刷的年代，为了取得这种讨人嫌的效果，排版工人还得手动把 g 移到下一行。20 世纪 80 年代初，进入照相制版时期，起初电脑不知道如何断词，"bedroom"被连字符切分成"be-droom"。后来，有人把整本词典输入电脑，包括断词规则，使文字编辑能自己加连字符。我只用把光标移动到 n 和 g 之间，点击"option-shift-hyphen"，就可以给"English"换行。但是语言的演变速度太快，连科技发展也跟不上。我曾在《纽约时报》看过"ret-weet"[retweet（转推）]、"ju-ghandle"[jughandle（供道路右侧车辆左转的弯道）]、"Toscaes-que"[Toscaesque（歌剧风格的）][1]只要印刷文字仍需要对齐，人工就不会被取代。

英语中有很多外来词、取决于上下文的同形异义词以及大量涌现的新词，如同延时摄影中的花开花落。因此，人类要想凌驾于电脑之上，就要认识到自己的重要性。电脑一心想取代人工，会擅自做出颠覆性的决定，连专业文字工作者都措手不及。一次，我在一篇即将付印的稿子中，发现单词"cashier"（收银员）被拆成"ca-shier"。我很不解，这不明摆着是"cash-ier"吗？我便查了韦氏词典，找到两条不同的词目：一个是"ca-shier"，及物动词，意思是"解雇"（to dismiss from service），尤指"不光彩地被革职"，近义词有"reject、discard"（抛弃）；另一个是"cash-ier"，名词，意思是"负责现金收付的人"（one

---

1. 这三个单词中的连字符位置不对，正确的分别是"re-tweet""jug-handle"和"tosca-esque"。

that has charge of money）。（小时候我的第一志愿就是当收银员，以为收到的钱全归自己。）电脑无法区分动词"cashier"和名词"cashier"，最终选择了第一种。

"Bumper"一词也遇到了同样的问题：它被拆成了"bum-per"。谁不知道"bumper"应该在"bump"后断开呢？我又查了词典："bumper"的第一个词条确实是"bum-per"，是名词，意为"满杯"（a brimming cup or glass），例如"I'll have a bumper of your finest IPA, my good man."（老兄，给我来一满杯店里最好的印度淡啤）；第二个词条也拆成"bum-per"，是形容词，意为"异常大的"（unusually large），如"bumper crop"（大获丰收）；第三个词条才是"bump-er"，是名词，意为"碰撞的东西"（one that bumps）或"吸收冲击力或避免相撞时受损的装置，特指车身前后部的横杠"[a device for absorbing shock or preventing damage (as in collision); *specif* : a usually metal bar at either end of an automobile]。原来如此啊！可见电脑里虽然输入了词典的内容，却仍然无法分辨出这个单词的 *er* 是作为后缀的。我把光标移动到 *p* 和 *e* 之间，点击"option-shift-hyphen"。从此，我格外留意所有的"bumper"和"cashier"。

◆ ◆ ◆

连字符有双重作用：不仅能把单词切分成音节，还能将两个以上的单词连在一起构成合成词。下面是三个合成词："school bus"（校车），"bus driver"（公交司机），"school-bus driver"（校车司机）。这是连字符比较简单的一个用法，将复合名词转变成形容词。也可以说"bus-driver hero"（英雄公交司机）。"Ice cream"是两个单词组成的复合名词，而在"ice-cream cone"（冰激凌甜筒）或"ice-cream sandwich"（冰激凌三明治）里加上连字符，就成了形容词。

用连字符可能会用到忘乎所以：先是加上连字符，然后拿掉，后来又加回去。当年我参加编辑测试时，曾为短语"bright red car"（鲜红色的汽车）加不加连字符而伤透脑筋。"bright"（鲜艳的）到底是修饰红色还是汽车？我把连字符加了又删，删了又加，直到最后删掉交卷了才明白应该加上连字符。汽车是鲜红色的，所以是"a bright-red car"。

　　每个文字编辑的职业生涯中，都会有一个执迷于连字符的阶段。所谓的"laughing hyphena"（哈哈笑的连字符）[1]。我还在学做编辑时，就注意到了连字符的两大派系：埃莉诺·古尔德似乎总是加连字符，露·伯克则讨厌多余的连字符。露教导我，凡是引号里的单词，除非本身就有连字符，就不用再加，否则就是画蛇添足（大写字母和斜体字也是同理）。埃莉诺有次在"blue stained glass"中加上连字符，改成"blue-stained glass"，令我疑惑不解。我去请教她时，她露出一副高深莫测的表情，承认这个问题不好解释。当时我觉得自己永远也理解不了。究竟是蓝色的花窗玻璃（stained glass）还是沾染

---

1. 美国有一支车库摇滚乐队，名叫"Laughing Hyenas"（1985—1995 年）；有一本英文童书，书名为 Laughing Hyena（《哈哈笑的土狼》，2002）。因"Hyena"与"hyphena"形近，故有此谓。

了蓝色的（blue-stained）玻璃呢？答案似乎是：都有可能。如果逗号可以有不同的解读，连字符更是模糊不清。

埃莉诺使用连字符也是审慎克制的。她认为"nuclear power plant"（核电站）不用加连字符，因为这是一家发电站，恰好使用核能也提供核能。还有些合成词不像核电站那样有双重意义，但仍有人忍不住加上不必要的连字符。例如，"high blood pressure"（高血压）。可以拆成"high"和"blood pressure"，即患有血压升高的疾病。但是不能把"high blood"硬凑在一起，让它来修饰"pressure"。有人可能会想给"adult cable television"（成人有线电视）加上连字符，但是"adult cable"是什么意思？你也许会把成人看的有线电视理解成为"adult cable"，但这是两码事。还有个例子挺吓人，叫"baby back ribs"（小肋排）。这可不是婴儿背部的肋骨，而是小的肋排。如果必须点这道菜不可，不妨把"baby"想成是"小型的"，而不是"婴儿"，否则就改吃素吧。

还有个游走于两者边缘的短语是"bad hair day"（糟糕的一天，倒霉的日子）。这和"Lu Burke day"（露·伯克日）一样吧？我在办公室里特别烦躁易怒的时候，就会用这个自造的词："I am having a Lu Burke day."（我今天诸事不顺。）露固然有她的优点，但是脾气也很大。她生气或失落时，会以各种理由迁怒于不幸被她撞见的同事，如同龙卷风过境。某位同事说她让人想起"大嘴怪"（Tasmanian Devil）[1]——一个飞快旋转的愤怒火球，把路过的东西全都吃掉。这倒有助

---

1. 直译为"塔斯马尼亚恶魔"，华纳电影公司动画中的一个经典人物形象。

于让人轻松看待此事：你不必太在意大嘴怪的行为，而露的指责基本上也没有恶意。按她的逻辑，短语"bad-hair day"要加连字符。我更喜欢不加连字符的，但是不知道合成词"hair day"有什么含义。"How is your hair day, dear?" "Have a fabulous hair day!"越说越顺耳。如果埃莉诺能给"blue-stained glass"加上连字符，露可以在走廊里大发脾气，那我也能拿掉"bad hair day"里的连字符。

露·伯克有次奚落一名刚从同业跳槽过来的文字编辑，因为对方去掉了"pan-fry"（煎）里的连字符。新手一派轻松地说："可是《韦氏词典》里没加啊！"露吼道："你连这个都要查词典吗？"我真希望文字能重现这句话，好让大家感受一下她说到最后声音有多大，语气有多么难以置信。她的嗓门越来越高，就像《新婚梦想家》里的拉尔夫·克莱姆登说："Because I've got a BIG *MOUTH*!"（因为我嘴大！）不加连字符的话，"panfry"看起来像是"pantry"（食品储藏室 / 柜）。露大笑着说："Panfree！"然后又重复了一遍："Panfree！"那位编辑只是按规矩办事，露却说她没"语感"（word sense）。露尤其鄙视在"feet first"（脚先入水地）和"head on"（迎面地）之类的副词里加上多余的连字符。当然，"head on"放在名词前用作形容词时，要加连字符，例如"The editors met in a head-on collision."（编辑们迎头相撞。）但是在不可能产生误解的情况下就是多余，例如"The editors clashed head on in the hall."（编辑们在走廊里迎头相撞。）新手编辑争辩说，"head on"不加连字符语义模糊。

露简直不敢相信。她狂笑不止："头还能撞上什么？"仿佛这是一个天大的笑话。最终，那位跳槽来的编辑又打道回府了。她私下说："我就像是想当修女又当不成一样。"确实，有时候感觉我们就像某个与世隔绝的修道院里圣洁又谦卑的连字符修女（Sisters of the Holy Humility of Hyphens）。

有一次，作家兼编辑维罗妮卡·戈恩（Veronica Geng）用手拦着我，不让我去词典里查"hairpiece"（假发），因为她担心词典里会写成两个词，我也乖乖照做。她一离开办公室，我就查了词典，确实是两个词，但是我尊重她的语感，没去修改。我有次按照《韦氏词典》把"hairstyle"写成了一个词，露·伯克立马在门口现身，就像你拉了假警报两秒钟后，街角就传来消防车的呼啸声。她教诲说："凡是有'style'的合成词都要分开写。"（她那天心情不错。）我知道《纽约客》把"life style"（生活方式）分开写，我还以为是用这种方式，来表达我们不认同单一"lifestyle"的观念。我也渐渐懂得，词典是很好的参考书，但也不能被它牵着鼻子走，合成词尤其如此。还有，连字符不必和道德扯上关系。

一般认为：复合词起初都是两个词，然后加上了过渡性的连字符，后来又去掉连字符，变成了一个词。"Today"（今天）原本是有连字符的。"Ringtone"（铃声）一度是两个词，但转眼就合成了一个词，完全跳过了加连字符的阶段。"Deluxe"（奢华的）起初是两个法语词（de luxe），《纽约客》一直都加连字符，直到 2003 年 2 月 5 日，某位心情特糟的编辑一怒之下，把连字符给拿掉了。虽然我得承认"deluxe"过时了，但这种老式拼法像铺了软垫的沙发床，似乎更具奢华感；去掉连字符，就变得像当地餐馆里的菜单一样平淡，比如"Cheeseburger Deluxe"（豪华芝士堡）。

关于连字符和文字编辑之间关系的一个可怕真相是：有连字符的话，编辑就想删掉；没有的话，编辑又想加上去。如果我们得把连字符一个个浇铸出来，就像古腾堡的字模浇铸器，我们会用得更俭省些，至少会花时间考虑一下。我喜欢"high-school principal"里的连字符，因为确实有"school principal"这个词。如果校长嗑药磕兴奋了，那得被带出学校，还能拍成电视剧。"High-school student"（高中生）加连字符就没必要了。（谁会说"school student"啊？）不过，就像连续逗号一样，只要下定决心，保持一致，就不必每次都斟酌一番。就算小题大做又怎样？我们拿着工资就该做好分内的事。话又说回来了，每次都斟酌一番又有何不可呢？

在美国作家凯伦·罗素（Karen Russel）的一个短篇小说中，小男孩取笑去教堂的小女孩，问她："好玩不？……上帝的面包好吃吗？"（How was it? ... Delicious God-bread?）另一位校对人员——也是很有个性、有主见的同事——说服我把"God-bread"里的连字符删掉，改成两个词。可是删了之后，我却一直耿耿于怀。后来，我闷着头吃完三明治，走在回办公室的路上时，发现这个词和"raisin bread"（葡萄干面包）之类的词不一样："God-bread"并不是撒满了上帝的面包，而是上帝本身。我一有机会，就把连字符加了回去。一个连字符里竟隐藏着圣餐变体论（transubstantiation）。

1937年芬克–瓦格诺公司出版、爱德华·N. 提奥尔（Edward N. Teall）所著的《认识连字符先生，让他安守本分》（*Meet Mr. Hyphen and Put Him in His Place*），是迄今写得最好的关于连字符的书。首先，这本书可能是现存的，唯一一本详尽探讨连字符的英文著作。尽管该书的受众是规定写作体例的业界人士，但一般读者也会觉得妙趣横生。语言的发展日新月异，这本七八十年前出版的连字符专著却依然适用，着实不可思议，连字符先生真是行家里手。作者提奥尔生于1880年，卒于1947年，毕业于普林斯顿大学（1902届），对语言的热爱在家族中世代相传。他写道："我父亲专门研究复合词，可以说，连字符维系了我们一家人。从比喻意义上说，我们经常听家人讨论，便继承衣钵；从字面上说，一家之长从事这项工作得到的报酬，足以支付我们衣食住行和娱乐的开销。"提奥尔天赋迥异，他知道未来会有哪些困扰我们的问题。他认为"amazing present-day high school fad *alright*"（不过他不太喜欢把"all right"当成复合词；注意："high school"中间没加连字符）。他博学多识，曾在脚注里探讨"po-lop-o-ny"一词，它是根据"polyphony"（复调音乐）仿造的词，是将"polo pony"（马球小型马）合并起来的杜撰词，这比《新婚梦想家》早了几十年[1]。他还经常提到处于"模糊地带"（twilight zone）的复合词。他认为，创造复合词并不是一门

1. 在该剧中，男主角拉尔夫和朋友诺顿在排戏时，先后把台词"a string of polo–ponies"读成了"a string of po-lop-o-ny"。

科学，而"应该被视为一门艺术，因为个人的偏好和判断常常起决定性作用。精彩的复合词能反映人的性格。"

英文单词"hyphen"源自希腊语（从 hy 和 ph 便可知晓），最初是副词，意为"一起"（together）。它曾经是一条弧形水平线，位置低于字母基线，像一个仰躺着的半括号，功能类似于乐谱上的连音线。提奥尔毕生从事连字符的研究和实验，对此了如指掌。他把"hypen"同时当动词和名词使用（而不用"hypenate"作动词），还提到"融合"成一个词的古代复合词（如"husband"源自盎格鲁 - 撒克逊语的 *hus* 和 *bonda*，意思是"户主"），以及复合词的"单字化"（one-wording）。

他写道："无论是将复合词神圣化，还是斥之为语言怪咖的癖好，都没有任何裨益。它令人费解、很难掌握，但也并非高深莫测的谜团，让人找不到切实可行的解决方法。刻意回避也好，视之为噩梦也罢，都是不对的。"

Nothing is to be gained by making a sacred cow out of compounding—nor yet by dismissing it as a hobby of the language cranks. It is puzzling, difficult—but not an unfathomable mystery, not impossible of practical treatment. Neither those who sidestep it nor those who turn it into a nightmare are doing right.

他还用大写字体强调："当务之急是避免误读。"

THE PRIME NECESSITY IS TO SAFEGUARD AGAINST MISREADING.

在这方面，连字符相当于逗号，当然要遵守一定的规则，但归根结底，语义清晰才是真正的目的。

提奥尔想当机立断根治的一个坏习惯是：误把连字符放在以 *ly* 结尾的副词和分词之间。他以某大字标题为例："Use of 'Methodist' Is Newly-Defined"（重新界定"卫理公会派教徒"）。他对该连字符深表同情，嗟叹道："你见过连字符被滥用到如此地步吗？还有比这更无用、无益的连字符吗？"即使是"well known"（众所周知的）之类常用的复合词，无论是作定语还是表语，提奥尔也会删掉连字符。[《纽约客》部分按照他的规矩来，省略表语中的连字符，如"The man is well read"（这个男人博览群书）；不过，定语要加上连字符，如"I like a well-read man"（我喜欢博览群书的男人）。但是，如果再加一个修饰语，如"I like a very well read man"，连字符就非加不可了。这该死的家伙还真有自己的生命。]

最容易整理的复合词是由过去分词（不规则或加 *-ed*）转化的形容词，分词前是形容词、名词或不以 *ly* 结尾的副词。提奥尔列举了很多经典例子，如"hard-boiled"（煮熟的；冷酷的）（《纽约客》用加连字符的形容蛋，合并为单个词的则形容人）、"long-winded"（冗长的）、"soft-hearted"（心肠软的）、"tight-fisted"（吝啬的）、"hyphen-minded"（情系连字符的）等，这些复合词都要加连字符。其中，只有"soft-hearted"不再有连字符。提奥尔也将与副词"well"结合的复合词 [well read（博览群书的）、well told（讲得精彩的）] 纳入在内。虽然他更喜欢将两个单词分开，但又乐于见其衍生出众多复合词，便愿意放弃个人喜好。尽管如此，他还是划出了底线，反对在"a badly-torn book"（一本破破烂烂的书）之类的短语中使用连字符，认为这些"丑陋的东西"（monstrosities）代表"学术上的过分矫情"（an excess of academic affectation）。

每个复合词的各部分都要先经过分析，才能决定用不用连字符、是合并为一还是拆分为二。有时，现在分词（动词的 -ing 形式）虽然看起来像形容词，但起的作用更像名词。"Laughing stock"（笑柄）并不是会笑的柄，"walking stick"（手杖；拐棍）也不是会走的棍子（除非你指的是一种昆虫[1]）。提奥尔说这些分词具有"辨识"（identification）功能，类似的例子不胜枚举："working clothes"（工作服）（衣服不会工作而是让人穿上工作的）、"ironing board"（熨烫板）（板子不会熨烫而是用来熨烫的）、"whirling dervish"（旋转苦行僧）（没错，的确是旋转的苦行僧，但是提奥尔说，他们并不是"随意"转圈，而是"神秘教派的教徒，在仪式中旋转起舞"，因此"有别于其他类型的苦行僧"，可由"whirling"辨别出这类苦行僧）。提奥尔用自己的语言所描述的正是我们所谓的"限定用法"。

提奥尔发觉，凡是丢掉连字符合并成一个词的单词往往更具有比喻意义，如"cowcatcher"（排障器），而保留连字符的单词则取字面意思，如"brono-buster"（驯马师）。《纽约客》将"hard-boiled"和"hardboiled"分开用，似

---

1. 在英文中，"walking stick"若合并为一个词"walkingstick"，意思是"竹节虫"。

乎也是按照同样的逻辑。我在编辑室工作时也采取了类似的方法："dog-lover"是爱狗人士，狗是他爱的对象，如"James thurber was a dog-lover"（詹姆士·瑟伯是爱狗人士）。不加连字符的"dog lover"（狗情人）还是一条狗，比如动画电影《小姐与流浪汉》（*Lady and the Tramp*）中的"流浪汉"（通过迪士尼也能学语法！）"Bird-watcher"是观鸟者，"bird watcher"则是负责监视的鸟。其实一听就能听出差异，甚至能感觉到鸟的目光正盯着你。

一位来自加州的女读者爱丽丝·罗素 - 夏皮罗（Alice Russell-Shapiro）曾给《纽约客》的文字编辑写了封信，表达对几件事的不满，其中有"star fucker"一词，由此我才真正意识到了个中的差异。让她反感的并不是在杂志上见到这个词，而是少了她所谓的"激活的连字符"（activating hyphen）。我怀疑她是不是爱德华·提奥尔的远方亲戚——他们绝对都有分析连字符的天分。没有连字符的"star fucker"，两个字的分量相当，意思是"明星加混蛋"；但是在"star-fucker"（专搞明星的人）中，连字符将重心移到第一个词，使其成为动词（fuck）的行为对象（star）。

为避免连字符用错地方，还有一个办法：当两个分开发音的元音遇在一起时，可以用"分音符"（diaeresis）。虽然常被误称为"元音变音符号"（umlaut），分音符（发音为"die heiresses"，源自希腊语，意为"分开"，拼起来难得要命）由两个小点组成，位于"naïve"（天真的）、"reëlection"（再次当选）等单词的第二个元音的正上方。"Umlaut"来自德语，表示元音变化 [如 Brünnhilde（布伦希尔德）] ，通常也会改变词意，如：schon（副词），意思是"已经"；schön（形容词），意思是"美丽的"。在德语中，如果元音变音符号出现在双元音中，会标在第一个元音上方，表明是复数或其他重要提示；分音符号则永远标在第二个元音上方，意思是该元音是一个单独发音的音节。

多数讲英语的国家认为分音符号可有可无。《纽约客》可能是全美唯一一家经常使用该符号的刊物。如今，要把分音符号标在元音上，其实要费很大工夫。它会被自动校正功能删掉，你得回头，将该字母作高亮标记，按住"选择"键的同时按下字母 u，然后再重新键入正确的字母。问题是：何苦呢？更何况，爱写信的读者最常抱怨的就是分音符号了。

大致说来，我们对这类单词，有三种选择："cooperate""co-operate"和"coöperate"（合作）。当年《纽约客》的体例初具雏形时，有编辑认为第一种容易读错，第二种很可笑，于是第三种就作为最优雅的解决方案，得到了最广泛的应用。到了 20 世纪 30 年代，"连字符先生"提奥尔在进行相关研究时，分音符号已经快被淘汰了，他也弃之不用，让读者自行判断。其实，少了那两个点，多数人也不会在读到"cooperate"或"reelect"时，误读成"coop"或"reel"，虽然可能会把"zoological"（动物学的）中的前三个字母读成"zoo"（而这个词我们不用分音符号）。

并非《纽约客》的所有编辑都爱用分音符号，有些人一直纳闷为什么还在用它。写作体例有时确实会改变。例如，在

20 世纪 80 年代，编辑们决定实现现代化，将分号移到右引号的外面。于是在布告栏张贴公告，开头是："请调节自己的反应能力"（Adjust your reflexes）。

露·伯克曾缠着霍比·韦克斯（Hobie Weekes）——一位从 1928 年起就在《纽约客》工作的写作体例编辑，让他去掉分音符号。露·伯克和连字符先生一样，是一位独立有主见的现代读者，不需要把元音字母交给别人来微调。有次乘电梯时，韦克斯似乎有所松动，说他正考虑修改这一体例，很快就给大家发备忘录。可他不久就去世了。

那是 1978 年的事了。此后，再也没人胆敢提起这个话题。

◆ ◆ ◆

文学作品中最神圣的连字符就是《白鲸》（Moby-Dick）里的连字符。每次报纸杂志上提到这本书，我就纳闷：为什么同名的鲸鱼不加连字符，书名却要加呢？莫非是爱乱用标点的赫尔曼·梅尔维尔自己坚持要加的？ Moby-Dick 里的连字符到底是谁加的？

我不是研究梅尔维尔的学者，但自从读了《白鲸》之后，梅尔维尔就一直如影随形地跟着我。我是英语专业本科毕业的，却没读过梅尔维尔的任何作品。所以，在读研的前一年，我搬回克利夫兰与父母同住、在演出服装公司上班时，便着手读这本书。我谨遵梅尔维尔的座右铭："哦，时间、力量、金钱和耐心！"（Oh, time, Strength, Cash, and patience!）

这段话出现在第三十二章《鲸类学》（Cetology）的结尾处。我认识了从虎鲸到脊鳍鲸、座头鲸、独角鲸、逆戟鲸、乌拉鲸和刮格鲸等，如此"繁重的任务"也是很值得的。这条座右铭一直支撑着我读完研究生。我在克利夫兰老家有一幅《白鲸》场景的海报，父亲给我裱了框。多年后，我把它带到洛克威的家里挂起来，后来我称那个房间为"白鲸"之屋。2012年，飓风"桑迪"肆虐时，海水涌到了距离海报不足一厘米的地方。

第二次读这本书是去南塔克岛旅行时，第三次则是受邀参加《鲸》（The Whale）的作者菲利普·霍尔（Philip Hoare）组织的一项读书计划：每天由不同的人朗读其中一章，配上图片一起发布在网上。每位指定章节的朗读者的声音和情绪都让整个故事鲜活起来。我朗读的是第六章《街道》（The Street），场景设在新贝德福德市（New Bedford），以实玛利（Ishmael）要从此地前往南塔克岛，搭乘捕鲸船"裴廓德"号（Pequod）。菲利普·霍尔访遍了与梅尔维尔相关的所有景点以及他对这种海洋巨物的研究，在一个博物馆闻了闻龙涎香，又在另一个博物馆的重建鲸鱼骨架中嗅到了残留的鲸油气味，还在普罗温斯敦（Provincetown）附近观赏了鲸鱼。于是，我决定追随他的脚步，在前往科德角湾的路上，到新贝德福德稍做停留，闻一闻玫瑰的香味 [梅尔维尔写过："新贝德福德的女人，好似自家种的玫瑰般绽放。"（And the women of New Bedford, they bloom like their own red roses.）] 霍尔还在伯克郡（Berkshires）的纪念碑山（Monument Mountain）重现了梅尔维尔与霍桑（Hawthorne）会面时的野餐场景。我曾纯粹奔着吃喝玩乐去过伯克郡一次，路上绕道去了梅尔维尔在皮茨菲尔德（Pittsfield）写下的《白鲸》的故居"亚罗海德"（Arrowhead）。虽然我并不指望能立刻在那里找到关于那个不朽的连字符（像捕鲸叉一样横卧在这个著名的书名之间）的答案，但这地方似乎很适合开展我的研究。

亚罗海德位于皮茨菲尔德南部的霍姆斯路 780 号，是一栋黄色的大宅，屋外有一个抹香鲸形状的蓝色路标。沿着积雪未除的车道，驶向泥泞的停车场，可以看到格雷洛克山（Mount Greylock）的景色。经过几栋伯克郡常见的屋外建筑（谷仓、棚屋之类），我来到一扇仿佛自动敞开的门前。"您是来看展的吗？"一位清瘦而结实的灰发女士问。我环顾四周，只见一张书桌后摆着一排书架，展示着不同版本的《白鲸》、马克杯、鲸鱼形状的商品，一副衣架上还挂着一件印有"Call Me Ishmael"（叫我以实玛利）的 T 恤。

"这不就是梅尔维尔的书房吗？"我问。

"是，不过我们今天举办的是服饰展，"那位女士说，"所以才对外开放。"这时，一个长着浓密棕发的男孩突然从售票桌前站起来，说："书房没开放，但是我可以带你去。毕竟你是专程过来的。"他领着我穿过几间时代展室，里面有穿丝绒衣服的人体模型，最后来到一个楼梯间，扶手上挂着"未开放"的牌子。这个名叫威尔的男孩摘下牌子，带我上楼。突然间，我就置身于梅尔维尔的书房。

"这不是他的书桌。"威尔说。那张桌子目前在皮茨菲尔德市中心的图书馆里，我来的时候路过了那座壮观的历史建筑物。"可这把椅子是他的。"那把雕刻精美的椅子摆放在一张桌子前面，坐上去便看到格雷洛克山（以一位印第安酋长的名字命名）的风景。桌上的书信手稿上摆着一副眼镜。威尔说："那是他戴的眼镜。这里的书多数都是他的。"他指了指一个玻璃柜门的书橱。"我们这里有一本别人送他的大字体莎士比亚文集，因为他视力很差。"梅尔维尔在修改《白鲸》前，读过莎士比亚和《圣经》。"我们称这个房间为'霍桑之屋'。"威尔指的是书房外的一间简朴的卧室，里面有一张窄床，铺着床罩。霍桑至少来亚罗海德拜访过一次，也正是在纪念碑山上见了霍桑、读了莎士比亚和《圣经》之后，梅尔维尔笔下的这部捕鲸传奇才上升到了更深的层次。

一个玻璃陈列柜里展示着梅尔维尔的若干遗物：有一把牙雕开信刀，刀身刻着一头海象，一只零钱包，一件开瓶器，还有一柄捕鲸叉，但并不是梅尔维尔的。威尔坦言道："是那个年代的东西，摆在这儿只是为了烘托气氛。"靠在壁炉上的那根捕鲸叉形状的拨火棍倒确实是梅尔维尔的。

我问这位小向导，能不能坐一下梅尔维尔的椅子。他摇摇头说："你可以摸一下。椅子不结实。原本是放在阁楼上的。"这么说，椅子上的软垫还是原来的？梅尔维尔写作时坐的就是这把椅子吗？这时有人叫威尔下楼。他相信我不会偷坐椅子，于是我站在一旁，想象着梅尔维尔就坐在那里，我的目光掠过他的肩膀，透过波纹玻璃窗，眺望着洒落在桦树上的阳光，还有那白雪覆盖的田野，一直延伸到格雷洛克山上。梅尔维尔曾写道，眼前的景色让他觉得仿佛自己置身海上，而格雷洛克山就是一头抹香鲸。

梅尔维尔出生于纽约。他早期的作品，如《泰比》（*Typee*）和《奥姆》（*Omoo*）都是关于土著女孩和食人族的，曾大获成功，他俨然就是文学界的高更（Gauguin）[1]。凭借这些作品，他得以搬到伯克郡，专事写作。但《白鲸》却遭遇失败。梅尔维尔要养家糊口，还欠了岳父母家的钱，只好把皮茨菲尔德的房产卖了，在曼哈顿东 26 街买下一套岳父母家还在还贷的房子。他笔耕不辍，《皮埃尔》（*Pierre*）是他接下来写的一本书，但他同时也在海关找了份工作，随后的二十年间，都通勤往返市中心。他再也没有在文学上取得突出成就。《水手比利·巴德》（*Billy Budd*）在他死后才得以出版，手稿则被他的遗孀放在面包箱里。

我在楼下买了一些故居纪念品。因为不久前我刚把自己那本维京企鹅（Viking-Penguin）版的《白鲸》借给了朋友，书里有大量的学术注解。于是就又买了 1930 年的当代文库（Modern Library）版，附有洛克威尔·肯特（Rockwell Kent）的木刻版画，没有沉闷的前言或脚注（只有梅尔维尔自己的注解），也没有关于船只零部件的词汇表，也就是说，能让我好好享受文字本身。编辑甚至还删了"Moby Dick"里的连字符。我还买了一把尺子，上面有"Herman Melville's ARROWHEAD"（梅尔维尔故居）的字样，还印着一枚 20 美分面值的邮票，有梅尔维尔的肖像和一段引文："It is better

---

1. 保罗·高更（Paul Gauguin, 1848--1903 年）：法国后印象派画家、雕塑家，与凡·高、塞尚并称后印象派三大巨匠。

143

to fail in originality, than to succeed in imitation"（宁可在创新中失败，也不愿在模仿中成功）（典型的梅尔维尔式逗号）。

在开车回家的路上，我想着 1863 年梅尔维尔是如何在失败的心灰意冷中搬回纽约的。每逢周二和周五早上的 7: 30 到 8: 00，我遵守换边停车的规定，常常坐在车里，等候清洁车的出现，目送着一批批的熟牛肉和洗净的床单枕套，从对街精品酒店的送货入口运进去。车前方有个标明梅尔维尔住址的牌匾，他家所在的街区是换边停车的黄金地段。那里原先有一家史泰博（Staples）办公用品店，其实也没什么不合适的，后来却往南搬迁了几个街区，店铺规模也缩小了，原址如今是一家西班牙啤酒餐厅和某个银行支行。

为了弥补因抢占停车位而浪费的时间，我在车里继续探寻《白鲸》里连字符的渊源。市面上有几本大部头的梅尔维尔传记，我选了一本安德鲁·德尔班科（Andrew Delbanco）所著的《梅尔维尔的世界与作品》（*Melville: His World and Work*），想从中了解一下梅尔维尔在出版业的经历。《白鲸》没有手稿传世。德尔班科写道，梅尔维尔对自己的作品爱护心切，曾亲自将手稿送交位于富尔顿街（Fulton Street）的印刷厂，自己做校对。那是 1851 年 8 月。与此同时，他的弟弟艾伦（Allan）代他出面与伦敦一家出版商洽谈出书事宜。艾伦给伦敦本特利（Bentley）出版公司写信解释说：他哥哥加了一段致谢词（献给纳撒尼尔·霍桑），并将书名由"*The Whale*"（鲸）改成"*Moby-Dick*"（莫比–迪克），毕竟后者才是故事的主角。莫比·迪克这个名字的灵感，源自现实生活中一头名叫"莫卡·迪克"（Mocha Dick）的白鲸，它在《白夹克》里客串过。他还补充道："他觉得新书名会卖得更好些。"这一初次尝试的营销策略并未成功。在这封短笺中，艾伦就用了连字符。

但为时太晚，英国版的书名想改也来不及了。1851 年 9 月，在美国版出版前两个月，这本小说就以 *The Whale* 的书名在英国面世。英国出版商做了很多改动，多半是由于故作正经、宗教礼俗或民族主义的缘故，结局部分是斜体，而以实玛利在魁魁格（Queequeg）的棺材上漂流的段落也被删掉。梅尔维尔校着校着就放弃了。德尔班科引用《皮埃尔》里的句子，来描述作者在校对《白鲸》时可能怀有的心态："校样……充斥着各种错误，但是……他对这种烦琐的、如蚊虫叮咬般的折磨失去了耐心；他随手把最严重的错误改了，其余的就放任自流了，还自嘲为批评家们提供了丰富的素材。"

这本传记倒是让我这个批评者发现了 G. 托马斯·坦瑟勒（G. Thomas Tansell）对 19 世纪标点符号惯例的看法：

Commas were sometimes used expressively to suggest the movements of voice, and capitals were sometimes meant to give significances to a word beyond those it might have in its uncapitalized form.

标点有时能用来生动地传达语气的起伏变化，大写字母有时则能赋予单词小写时所缺乏的意义。

在后来出现的众多《白鲸》版本中，以西北纽伯瑞（Northwestern-Newberry）版为基础的美国文库（Library of America）版提供了我寻觅多时的信息。坦瑟勒在第 1428 页的一条注解中写道：

> 艾伦在信中给"*Moby-Dick*"加了连字符，美国版的标题页也如是呈现；但是在正文里频频出现的白鲸名字中，只有一处有连字符。西北纽伯瑞版的编辑们在标题中保留了连字符，称在 19 世纪中叶的美国，书名加连字符更符合惯例。因此，有连字符的指该小说，没有连字符的指白鲸。

原来，*Moby-Dick* 里的连字符是文字编辑加的。

第七章

破折号、分号和
冒号一起进酒吧

标点符号是一个极其保守的社团，几乎从不接纳新成员。20 世纪 60 年代，某广告人发明了"问叹号"（interrobang），将问号和感叹号合并起来，但是并未得到普及。不过，想到我们可用的标点数量有限——不妨把它们看作缝纫包里的针头线脑，或工具箱里的钻头螺丝——作家却能发展出多元的风格，创造出迥异的效果，真是令人惊叹。就连表示传统的陈述句末尾的句号，在不同的上下文中，也有细微的差别。几十年前，埃德·斯特林厄姆送了我一本塞利纳的《死缓》（*Death on the Installment Plan*），我一直没找到合适的时间来读（这本书听起来不适合躺在沙滩上读，年纪越大就越不合适了）。我曾大致翻过，只见一句句串珠般连在一起……省略号连篇……似乎很有现代感，像一封电子邮件逐渐要结尾了，请求对方回复……读不了多久，你就会巴不得早点看到最后的句号。

哪个标点最有力量呢？你可能以为是感叹号，又称尖叫号（screamer），因为它用得不多，却很有力道。在德语中，命令句都以感叹号结尾，让人以为德国人经常互相大吼大叫。相形之下，问号则很温和，像懒散的爱尔兰人。当一句话既表询问又表感叹，比如"what the devil"（什么鬼啊），人们有时就想同时用问号和感叹号，但是这样不对。词序就能表达疑问，而醒目的感叹号总能盖过犹豫的问号。

句中的标点就更微妙了。就好比一家人，逗号和句号是根基，有些人相当难对付，有些人自以为是，有些是大好人，什么事都愿意做。比如破折号家族。

万一吃饭聊天时，话题转向了破折号，最好有所准备。真有可能哟！你可以讲讲破折号家族的趣闻轶事，让整桌人听得入迷。比如说，9 岁那年，我家从克利夫兰西区西 39 号街的一栋双户住宅搬到了梅朵布鲁克大道（Meadowbrook Avenue），几乎可以算作郊区了。我急切地想搬家，那样我就能住上两层小楼房，有真正的假壁炉，还能拥有自己的卧室，但是搬到了新家之后，我才明白老街坊有多么与众不同。新家就位于动物园旁边，那里住了很多乡巴佬和移民（用老妈的话说是"难民"或"背井离乡的人"），姓氏稀奇古怪，如"芒肖尔"（Munchauer）、"辛德拉尔"（Sindelar）、"克方塔"（Kerfonta）和"斯利夫卡"（Sliwka，读作"Slifka"；多年后我才得知这是波兰语的"李子"）。新街坊在动物园的另一头，住房之间没有篱笆，刚开始我们还以为能跑到人家的院子里（一次打击），坐到人家的长椅上（二次打击），开着我家超大的旧三轮车，从自家车道滑到对街的车道上（三次打击）。我们的新邻居有姓"布兰克"（Blank）和"达什"（Dash）[1] 的。布兰克老夫妇脾气很怪，只要我们把羽毛球打到他们家草坪上，就会冲我们大吼大叫。我们用了妈妈的两根晾衣竿才把球勾回来。达什家雇有尿布换洗服务，是一家送货上门的薯片商"查尔斯薯片"（Charles Chips）的主顾。

---

1. 这两个英文姓氏的首字母小写的话，分别意为"空白"和"破折号"。

如果你没有达什家族的个人故事可分享，尽管把我的拿去用好了。不过，就算是破折号，也够餐桌上聊几个小时了。破折号就像餐叉，有大有小，各有各的用场。破折号家族中最好用的一员就是"<mark>长破折号</mark>"（one-em dash）。不妨把它看作放在内侧、吃主菜用的大餐叉。这里的 *em* 是印刷单位，大约一个大写字母 *M* 的宽度。我们这代人从小到大用的是打字机，知道敲两个连字符就成了破折号，不管前后有没有空格。如今，大多数文字处理软件能在破折号之后的单词打完时，自动将两个连字符合并为一个无空隙的破折号，也就是说，电脑自动弥补了旧习惯的不足。还有一种"<mark>短破折号</mark>"（one-en dash），即一个大写 *N* 的宽度，好比你的沙拉叉。有些作家很聪明，打两个短破折号（而不是两个连字符），当作长破折号。这样看起来不错，但很脆弱：如果落在换行的位置，就会折成两段。

短破折号的作用更像是连字符，能连接复合词，如"New york–New Haven railroad"（纽约—纽黑文铁路）。很多报刊会在多项中仅一项为复合词时使用短破折号，如"Minneapolis–St. paul"（明尼阿波利斯—圣保罗国际机场）而不是"Minneapolis-St. paul"（明尼阿波利斯人也许更希望干脆别提圣保罗）；有些报刊则用短破折号来避免连字符拥堵，例如"chocolate-chocolate-chip–ice-cream cone"（巧克力味巧克力碎片冰激凌甜筒）。我觉得这样子很别扭，像两条腿一长一短。《芝加哥格式手册》（*Chicago Manual of Style*）曾考虑过废除短破折号，但还是保留下来了。毕竟表示比分（22-1）和年份（1978-89）时有用，但也不是绝对必要，用连字符也可以。

一句话里的连字符和长短合适的破折号适得其所，读来便轻松愉快：

修改前：

At the bar, flavor infused vodka — called aquavit — is another high point of the dining experience.

在这家酒吧用餐的另一大亮点是叫作"阿夸维特酒"的调味伏特加。

修改后：

At the bar, flavor-infused vodka—called aquavit—is another high point of the dining experience.

想一想破折号的所有用法：

—It can stand at the head of a line to indicate an item in a list.

可以放在句首表示列表中的一项。

—It can be deployed like a colon—it introduces an amplification of what has come before.

可以当冒号使用——对前述内容进一步阐释。

—It can be employed in pairs within a sentence—like the comma—and is subject to some of the same rules as the comma.

可以在句中成对使用——类似逗号——且遵从逗号的某些使用规则。

—It can be used instead of quotation marks to set off dialogue.

可以代替引号展开对话。

—Who does he think he is, James Joyce?
他以为他是谁，詹姆斯·乔伊斯吗？

—He thinks quotation marks look fussy.
他觉得引号太烦琐。

—OK, as long as the reader can tell who is speaking.
好吧，只要读者能分清谁在说话就行。

—It can create a sense of drama—false drama.

可以产生戏剧化的效果——故作戏剧化。

—It can be used within dialogue in place of a semicolon, and it is actually more realistic—most people don't think in semicolons.

可以代替分号用在对话中，这样反倒更切实际——大多数人不会用分号来思考。

—It can work as a defiant alternative to a period at the end—

可以大胆地放在句尾，当句号使用——

—It can end a sentence abruptly to show that a thought has been inter—

可以突然结束一句话，表示思路被阻——

—rupted. It can pick up where you left off.

断开，也可以拾起先前放下的话头。

20 世纪 80 年代中期改成照排后，电脑无法将破折号识别为与前文相连的正规标点，总是把它挤到下一行，这让文字编辑很是懊恼。也许是因为在某些方面，有人依然偏好在两个连字符的前后插入空格，即带空格的破折号。我们编辑就像擎天巨神阿特拉斯（Atlas）一样，努力撑起句尾的每个破折号。你总不会把逗号、分号、冒号或句号挪到下一行吧？（好吧，除非某网址中的最后一个点刚好在一行的末尾，看起来像个句号。《纽约时报》把这个点移到了下一行的开头，这个决定耐人寻味。）《纽约时报》随意地让破折号出现在一行的开头。读者也习惯了。我自己也厌倦了游说排版部门插入破折号——我知道他们都觉得我是世上最吹毛求疵的人。如今文字处理软件已经让我们进入电脑排版时代，我们可以自行解决了。

有些作家瞧不起破折号，因为它的使用范围太广，表明这是一个可以用来偷懒的万金油，以此替代更严谨的标点符号。但是女性似乎经常使用破折号，尤其是写信时，仿佛不加解释便戛然而止、含糊暧昧、突然改变心意、留下开放式结局是女人的特权。我有个朋友曾说："只要你想停顿，加个破折号就行了"，把标点符号的使用规则全都抛到一边。

　　过于依赖破折号会让人喘不过气，但也能打动人。比如在肯尼迪总统遇刺后，理查德·尼克松（Richard Nixson）给杰奎琳·肯尼迪（Jacqueline Kennedy）写了封慰问信，对方回复道：

I know how you must feel—so long on the path—so closely missing the greatest prize—and now for you, all the question comes up again—and you must commit all you and your family's and hopes and efforts again—Just one thing I would say to you—if it does not work out as you have hoped for so long—please be consoled by what you already have—your life and your family—

我能体会你的心情——好容易走了那么远——却与最大的梦想失之交臂——如今对你来说，所有的问题再次浮现——你必须再次投入自己和家人的全部希望和精力——但我只想对你说——如果你夙愿未了——请想想你已经拥有的一切，聊以慰藉——你还活着，还有家人——

如果按照规范修改杰奎琳这段文字的标点，回信就会变成这样：

> I know how you must feel: so long on the path, so closely missing the greatest prize. And now, for you, all the question comes up again, and you must commit all [your] and your family's hopes and efforts again. Just one thing I would say to you: if it does not work out as you have hoped for so long, please be consoled by what you already have—your life and your family.

这个按常规使用标点的版本让行文显得中规中矩、严丝合缝、正经八百。而杰奎琳的破折号则真情流露、表现力强，且风格独具、个性十足。与逗号或括号一样，破折号常成对出现，也必须前后对应。也就是说，在第二个破折号之后，句子必须与第一个破折号前中断的部分相连。一个句子中有两个以上的破折号，就算不令人费解，看上去也不美观。但是在上面的例子中，谁会在意破折号是否对应呢？

在破折号的拥护者中，最著名的当属诗人艾米丽·狄金森（Emily Dickinson）了。正因为她，我才觉得破折号更偏女性化。在艾米丽·狄金森面前，我之前把破折号简单地分成正餐叉和沙拉叉的做法就站不住脚了。她无处不用破折号，有时还一物两用。如果把她的各种破折号看作大小不一、样式各异的叉子，摆餐桌时就不仅需要甜品叉、奶酪火锅叉、挑出蜗牛肉的迷你叉，还需要音叉和干草叉。

对狄金森的破折号的研究成了一门专门的学问。从排版来说，传统的破折号是否适合狄金森，学者们仍莫衷一是。

我认为破折号是辅助传统句法的，所以我不是狄金森的理想编辑，甚至也不是理想读者。学者克里斯泰恩·米勒（Cristanne Miller）写道："在狄金森的诗歌中，破折号很少具有句法功能，如为读者标示不太相关的短语或添加旁白。她的破折号是用来分隔词语以示强调；区分格律和诗句的节奏；抓住注意力，减慢读者阅读的速度。"一些学者认为，破折号是一种音符（破折号的长短表明停顿的长短），甚至是一种声调系统。R.W. 富兰克林（R. W. Franklin）为哈佛大学的贝尔纳普出版社（Belknap Press）编辑的狄金森诗集是学术界公认的权威版本（有单册的"阅读版"和三册的"集注版"）。他写道，虽然诗人也用逗号和句号，但她"主要依赖不同长短和位置的破折号，有水平延伸的，也有上扬或下降的"。尽管狄金森的部分诗歌确实是以句号结尾，但米勒写道，她"往往赋予句号讽刺的意味，嘲弄对必然结局的期待"。她喜欢使用"句法模糊的破折号"，这样"不仅能让句子延续（把破折号当成破折号的话），还能让这种延续成为一种意外（如果把破折号当成最后的标点，而狄金森诗作也常常如此）"。

　　文字编辑该怎么办呢？我不讨厌模棱两可，但也不能交给我来处理标点。我只有一次需要校对狄金森的破折号。有次朱迪丝·瑟曼（Judith Thurman）在书评中引用了她的诗，我却搞砸了。核查人员有作者的原稿，在我看来是短破折号的标点符号在单词之间漂泊无定。我在《纽约客》还从未见过类似的用法，不耐烦之下——

Patience – is the Smile's exertion
Through the quivering –

耐心——是颤抖着
努力挤出的微笑——

——我把诗句改得平淡无奇，把所有的破折号改成了长破折号，还删掉了破折号与前面单词之间的空格。《美国文库》中的一册 19 世纪美国诗选也用这种蹩脚的方式处理狄金森的破折号。如今，网上能读到艾米莉·狄金森的全部诗作，但即便是能辨认她笔迹的学者也要思量该如何处理破折号。和上文一样，富兰克林的版本"用的是含空格的连字符，而不是短破折号或长破折号，以便恰如其分地反映出她的大部分诗作中破折号的相对分量。"富兰克林强调，狄金森从未亲自出版自己的诗作。她把写完的诗抄到一沓折叠的信纸上，在对折处打孔，再用线缝起来，学者称之为"分册"（fascicles）。所以，尽管诗歌"是公众化写作，编辑后的样式应该符合大众标准"，狄金森的诗却像信件或日记一样，属于"私人化写作"，因此应该尽可能亦步亦趋地追随她的做法。

玛塔·维尔纳（Marta Werner）和詹·波文（Jen Bervin）以艺术书的形式，将狄金森用铅笔潦草地写在零碎的纸片（信封、收据、包装纸）上的杂感结集出版，书名为《华丽的碎语》（*Gorgeous Nothings*）。我还特意去位于苏荷区（SoHo）的素描中心（Drawing Center）欣赏展出的部分原稿。

手稿放在玻璃柜内，加上天花板的灯光反射，想看个清楚的话，难免会把口水沾到陈列柜上。我的艺术家朋友有点受不了这种展览，问："狄金森难道连便笺本都没有吗？"《华丽的碎语》并不是正式的诗作，而是诗人草拟的诗稿或她从想保存的信件上撕下来的碎片。她把诗句写在废纸片（有些还没吉他弹片大）上的做法引发众议。有一首竖着写的诗，开头是："With Pinions of / Distain."（带着蔑视的 / 翎羽）。学者苏珊·豪（Susan Howe）写道，每个字母 i 上的点都是意味深长的。任何一位诗人，若是连字母 i 上的点都赋予深刻的寓意，仿佛藏着颠倒的、愤怒的感叹号，那她的破折号也值得尊敬。

这些小点和破折号倒让我想起电报这种过时的通讯方式（算是那个年代的 Twitter 吧？），它自成一格，几乎违背任何风格，没有任何标点，除了用"STOP"来代替句号。

◆ ◆ ◆

在标点符号中，级别最高的莫过于分号了。一位英国出生的作家朋友用一句话概括了她对分号的看法，用语之精当，堪比亨利·詹姆斯（Henry James）："分号用对了地方，能给人莫大的愉悦。"（There is no pleasure so acute as that of a well-placed semicolon.）这话反过来说，想必就是：分号用错了地方，能给人莫大的痛苦。

据我的观察，分号用得最妙的是英国人。我认为这和教育有关，古典教育包含大量的分号，许是因为翻译拉丁语和

157

希腊语之需。美国人可以不用分号，正如他们可以不吃马麦酱（Marmite）[1]，不过有几位作家例外：威廉·詹姆斯和亨利·詹姆斯两兄弟是国际主义者，从小接受分号用法的教育；沃尔特·惠特曼（Walt Whitman）特别喜欢冗长而热情的列举，而分号最简单的用法就像强化版的逗号，将逗号隔开的各项连接起来。美国的经典著作是从 18 世纪才开始的，而我们大多数最好的作品都出自马克·吐温，用的也是方言土语。我们是一个直言不讳、庸俗乐天的民族。这并不是说马克·吐温不会用分号或不使用分号，只是用在哈克·芬恩（Huck Finn）身上不合适。

我有个朋友在加拿大当文字编辑，她在新斯科舍省（Nova Scotia）所受的教育偏英式些，所以对分号情有独钟，连信头的问候语也用分号代替逗号：

Dear Mary;

她很肯定地说这是正确用法，是老师教的，不是自己发明的。她总以为分号是带颤音的逗号（她是拉中提琴的）。我一向不喜欢颤音，只喜欢清亮的声音，不要有太多的震动。要么逗号，要么句号，就此打住；偶尔有必要，就用冒号。

分号到底是什么呢？是半个冒号吗？是逗号顶上加个句号吗？意大利语称分号为 *punto e virgola*（句逗号）。还是撇号被撂倒后用句号固定住？在古代和现代希腊语中，看似分

---

1. 马麦酱：醇母提取物，黏稠的深褐色膏状涂抹酱，风味独特，味道极咸，咸中带鲜，略带苦味。

号的标点实际上起着问号的作用。如果把分号倒过来，凑到镜子跟前看，就有点像问号。我要说：作为文字编辑，我觉得分号是用起来最讨人喜欢的标点。先写个插入符号，即倒写的 v（ ），表示你想在基线上插入某个单词，在高处加个点，正下方加个小尾巴。

严格地说，分号连接独立分句。下面的句子是错的：

It ends a clause; and it links a clause to the clause before.

分号用在分句的末尾，连接前面的分句。

这个才是对的：

It ends a clause; it links a clause to the clause before.

这个也是对的：

It ends a clause, and it links a clause to the clause before.

也可以不用分号，用逗号加连接词替代。英文的标点系统是极其精简的，既然分号一次都没被淘汰，那就必定有它存在的理由。

分号的使用规则是：除非是惠特曼式的用法，否则后面连接的必须是独立的分句。分号像个挂钩，句子的前半部分钩起后面的分句。每次看到有人用分号连接毫不相关的分句，我就很恼火，用这一招让人读下去并不高明。如今分号出现的频率比过去高多了，可能是因为我读到的英国作家多了，或是美国作家有英国编辑，或是美国作家在和英国作家较劲儿，以显示自己也是有深度的。分号使用得当，能留下深刻的印象；使用不当，会暴露你的无知。

　　随便翻开一本亨利·詹姆斯的作品，便能看到许多用得炉火纯青的分号。我信手拿起一本里昂·埃德尔（Leon Edel）选编的《亨利·詹姆斯读本》。下文选自《阿斯彭文稿》（*The Aspern Papers*）：

> "You must wait—you must wait," Miss Tina mournfully moralised; and her tone ministered little to my patience, for it seemed after all to accept that wretched possibility. I would teach myself to wait, I declared nevertheless; because in the first place I couldn't do otherwise and in the second I had her promise, given me the other night, that she would help me.
> "Of course if the papers are gone that's no use," she said; not as if she wished to recede, but only to be conscientious.
> "Naturally. But if you could only find out!" I groaned, quivering again.

　　"你得等等——得等等。"蒂娜小姐凄楚地劝我；她的语气很难让我耐住性子，听起来似乎终究还得接受那悲惨的可能。我会告诫自己要等一等，至少已经说过了；因为首先我无法选择，其次那天晚上她已经承诺会帮我。

　　"当然，如果文稿不见了，就没用了。"她说；她并不是想打退堂鼓，只是出于谨慎。

　　"当然。但愿你能弄清楚！"我叹息着，又颤抖起来。

这些分号并不完全符合现代体例，和连接词共用的分号可以用逗号代替，但是那样就会失却几分意味。詹姆斯的分号如同梅尔维尔的逗号，不过上升了一个境界：这些停顿似乎象征着面部的表情——扬眉、噘嘴、蹙额——以增强表达效果。

在詹姆斯的作品中，分号后面总是跟着一个不必要的连接词。下文选自《华盛顿广场》（*Washington Square*）：

She was bad; but she couldn't help it.

她的确是大逆不道；可她是不得已的。

埃莉诺·古尔德给标点立了规矩：分号不能用在破折号之后。破折号太脆弱了，撑不起分号。亨利·詹姆斯不按古尔德的规矩来。例如：

Poor Catherine was conscious of her freshness; it gave her a feeling about the future which rather added to the weight upon her mind. It seemed a proof that she was strong and solid and dense, and would live to a great age—longer than might be generally convenient; and this idea was pressing, for it appeared to saddle her with a pretension the more, just when the cultivation of any pretension was inconsistent with her doing right.

可怜的凯瑟琳意识到自己精神饱满；这让她想到未来，原本低落的心情更加沉重了。这仿佛表明她身强体壮，会很长寿——甚至过于长寿，不招人待见；这个念头很迫切，仿佛更敦促她坚持自己的权利，但此时任何权利的要求与她顺从父亲的心态是不一致的。

不觉得"generally convenient"后面的分号妙不可言吗？亨利·詹姆斯用分号突出节奏感，一如艾米丽·狄金森的破折号。虽然没法同时读完两句，但这些分号层层累积，情感也随之发生，好似歌剧里的三重唱。

我曾反对在对话里用分号，詹姆斯也证明了我是错的。在《华盛顿广场》中，医生对他的姐姐佩尼曼姑妈（Aunt Penniman）说：

"You have taken up young Townsend; that's your own affair. I have nothing to do with your sentiments, your fancies, your affections, your delusions; but what I request of you is that you will keep these things to yourself. I have explained my views to Catherine; she understands them perfectly, and anything that she does further in the way of encouraging Mr. Townsend's attentions will be in deliberate opposition to my wishes."

"你看上了汤森德那小子；那是你的事。我才不管你的自作多情、一厢情愿、想入非非呢；但是我有个请求，别把这些情绪传染给别人。我已经对凯瑟琳表明了我的看法；她也充分理解，如果她再去吸引汤森德的注意，那就是故意违抗我的意愿。"

佩尼曼夫人说："我觉得，你说起话来活像个专制的暴君。"

当然，她是指他那番话刻薄而专断，但是分号及其产生的节奏有助于传达那股高傲劲。这些精心选取的标点十分贴合人物的性格。如果詹姆斯用的标点平淡些，医生的语气就不会那么专横霸道，倒显得满不在乎。

　　詹姆斯的分号我一个都不会去修改，就像我不会乱动艾米丽·狄金森破折号前后的空格一样。每个小小的标点都是为取得特定的效果而精确调适的，以此来传达细腻微妙的感情。

◆◆◆

　　按照埃莉诺·古尔德所述，在标点符号的等级体系中，破折号可以用在冒号或分号之后，但是冒号或分号不能用在破折号之后（除非是一对前后呼应的破折号），理由是强标点要控制弱标点；弱标点不能控制强标点。听起来像是文字编辑试图谋取世界霸权，但也确实有几分道理。

　　冒号（colon）是控制力很强的标点，如同一位举止得体的男管家说："这边请。"和句号一样，一句话只能有一个冒号，正如一户容不下两个管家。虽然有时冒号可以用破折号代替，冒号却更正式些。例如，下面的句子里有一对前后呼应的破折号，在最后的分句前还有一个冒号：

Unable to visit Bruichladdich—unable, anymore, even to enjoy its whisky— Reynier devised a modest plan to save his favorite spirit: he would buy the distillery.

去不了布鲁莱迪——再也去不了了，连那儿的威士忌也品尝不到了——雷尼耶想到一个简单的计划：他要把酿酒厂买下来。

我这才发觉克勒发·桑尼赫（Kelefa Sanneh）在写苏格兰威士忌时，文笔竟颇有亨利·詹姆斯的味道。

　　如果句子重心在后，冒号有时比分号更胜一筹：你要进一步阐发、给出定义、列举或举例说明。分号则建立不同的关系；前后句的关系没那么明显。破折号能起到这两种作用，但比较松散，没那么正式。比如，我会在狄更斯的作品中寻找维多利亚时代的作家偏好的双重标点，即尼克尔森·贝克（Nicholson Baker）所谓的"混杂标点"（dashtard）：逗折号（,—）、冒折号（:—）和分折号（;—）。写信时，狄更斯还会用句折号（.—）。看着这些括号里的标点，我惊奇地发现它们很像表情符号。维多利亚时代的作家没有把标点当作表情符号（((((:>))，而是将表情符号融入了标点。

　　我在狄更斯的作品中有了意外发现：双破折号——两个长破折号连在一起——的大量使用。例如："Gaffer! If you think to get rid of me this way——"（老头！你以为这样就能甩掉我————）他在对话中使用双破折号，传达话语中断和要挟的双重意味。这个双破折号有着不可思议的表现力，它平添了一份悬念，仿佛说话者激动得说不出话来，正要抡起拳头。其实，你仔细想想，标点就是为了制造悬念：作者会怎样结束这句话呢？

撇号（apostrophe）这个词要追溯到希腊戏剧。所谓的 "strophe" 或 "turn"（从右向左边歌边舞）是指希腊合唱诗中的一个诗节——合唱队朝一个方向载歌载舞。在 "strophe" 结束后就是 "antistrophe" 或 "turn against"（从左向右的边歌边舞），这是合唱队转到另一个方向唱歌，歌词呼应第一个诗节。"Apostrophe"（转向）指的是一种修辞手法，即演员从戏剧动作中抽离，转而对不在场的人或事物述说。英语中的 "apostrophe" 仍然有这层含义，"apostrophize" 成了它的动词形式。我是在马克·吐温的《傻子出国记》（*The Innocents Abroad*）里第一次看到这个词的。他观察到，美国游客在米兰看到列奥纳多·达·芬奇的名画《最后的晚餐》（*The Last Supper*）时全都目瞪口呆：

You would think that those men had an astonishing talent for seeing things that had already passed away. It was what I thought when I stood before "*The Last Supper*" and heard men apostrophizing wonders and beauties and perfections which had faded out of the picture and gone a hundred years before they were born.

你会觉得这些人真是天赋异禀，竟能看到早已逝去的东西。当我站在《最后的晚餐》面前，听到人们惊呼画中的美人美物美景，而这些在他们出生一百年前就已经消逝、不复存在了；我就是这么想的。

从这句话来看，我还以为"to apostrophize"的意思是"赞美"（to praise）。说实话，我弄不清楚这句的重点是在游客的欣喜之情，还是他们为之狂喜的东西不复存在。撇号简直就像祷告，而祷告就出自想要赞美的冲动。

如果撇号想以现在的形式继续存在，那还真得要我们求上帝保佑。表示所有格撇号的用法就很有问题。例如，"farmer's market"（农贸市场）里的 s 该放在撇号的哪边呢？我倾向于"farmers' market"，因为农民不止一个。有些人坚称"hornet's nest"（马蜂窝）才是正确的用法，尽管马蜂不止一只。我曾问过埃莉诺·古尔德怎样把"McDonald's"变成复数所有格。她很明智地让我别改，说："凡事都得适可而止。不能写成'McDonald'ses'。"

不过也有商家用错了撇号却获得成功的事例。巴尼斯纽约精品店（Barneys New York）是一家高档服装店。1923 年由男士廉价服装供应商巴尼·普瑞斯曼（Barney Pressman）创办，起初店名为"Barney's"。1979 年，巴尼的孙子吉恩·普瑞斯曼（Gene Pressman）推出了价格不菲的女装系列，应他的要求，删掉了店名里的撇号，从此事业腾飞；而文字编辑们在痛失撇号的同时，又买不起店里的衣服，个个气得咬牙切齿。土生土长的芝加哥人加里·科默（Gary Comer）在扬·罗必凯广告公司（Young & Rubicam）当了十年的文案编辑，后来辞职到欧洲各国游历。他在瑞士阿尔卑斯山时读了《魔山》（The Magic Mountain）[1]，小说中一腔热血的年轻主人公让

4.《魔山》：诺贝尔文学奖获得者托马斯·曼（Thomas Mann）的代表作。

他思忖"33 岁后是否还有生命，生命里又会有什么"。回国后，他和一些朋友决定从此以他们对航海的热爱为生，活出最完满的人生，于是创立了一家专营航海用具的邮购公司，并以英格兰康沃尔（Cornwall）最西端传奇般的"地之角"（Land's End）来命名。在 1963 年首期邮购目录的封面上，"Land's End"被印成了"Lands' End"（天涯地角），一个妙不可言的地方。公司没钱重印目录，可这个用错的撇号并没有妨碍科默成为亿万富翁。

撇号似乎总是在变。我过去还以为地名中的撇号消失是一个自然过程，是语言被侵蚀的一种表现。类似的例子在纽约随时可见。布朗克斯区最初为乔纳斯·布朗克（Jonas Bronck）所有，即"布朗克农场"（Bronck's farm），后来变成"Bronx"。皇后区是英国人以凯瑟琳·布拉甘萨王后（Catherine of Braganza）的名义占领的，因此是女王之地（Queen's），后来变成"Queens"。"莱克斯岛"（Rikers Island）、"沃兹岛"（Wards Island）和"兰德尔岛"（Randalls Island）最初是以购买者"莱克"（Riker）、"沃德"（Ward）和"兰德尔"（Randall）命名的。"圣马可坊"（St. Marks Place）是大麻店和文身店的聚集区，因圣马可教堂（St. Mark's-in-the-Bouwerie）而得名，那是纽约市最古老的礼拜堂，其中的连字符也得以保留。

多年来，我都会和朋友们结伴去伊利湖的一座岛上度假。拼写渡轮上的岛名——凯利斯岛（Kelleys Island）时，我总是很谨慎。我的朋友们都受过良好的教育，但有时会加个撇号，写成"Kelley's Island"，有时也会误拼成"Kelly's Island"。我们一起逛过岛上的公墓，那里有座纪念凯利家族的方尖碑，不容错过。最初，家族中只有达图斯（Datus）和艾拉德（Irad）两兄弟从康涅狄格州移居到岛上。凯利斯岛以前是康涅狄格州西储地（Western Reserve）的一部分，曾一度延伸至太平洋。勘测员将其命名为六号岛。最终，凯利家族买下了岛上的每块土地，并开发自然资源，以鱼类（鲈鱼和玻璃梭鲈）和石灰岩为主。他们还种葡萄、酿酒，我倒是觉得他们没必要酿酒。

凯利斯岛的名字恰好提供了撇号用法的范例。假如达图斯·凯利觊觎弟弟艾拉德的那份土地，用一大块该岛出产的石灰岩把弟弟砸死，只剩下他一人，那这座岛叫"Kelley's Island"（撇号后加 s）就名正言顺了。但是因为这座岛为凯利兄弟共同所有，他们一起捕鱼、采石、酿酒，因此该岛就以凯利兄弟命名，先按一般规则加 s 变成复数，后面再加上代表所有格的撇号，即"Kelleys' Island"。很简单，撇号 s 和复数形式的 s 听起来可能一样，但是我们不会犯这个福勒所谓的"愚蠢粗俗"的错误。凯利家族早已消亡。该岛的游览胜地——凯利宅邸——如今的主人叫莱姆利（Lemley），他穿着工装裤坐在门廊上，收取 2 美元一次的参观费。作为专有名词的复数形式，Kelleys 可以用作定语，例如凯利斯石灰岩（Kelleys Limestone），就像披头士音乐（Beatles music）或卡拉拉 [1] 大理石（Carrara Marble）。嗯，卡拉拉大理石可

---

1. 意大利中北部城市，拥有着丰富的大理石资源，而这些大理石是雕像和建筑的上佳材料。

能不太恰当。

　　反正我对"Kelleys Island"中没加撇号是这么解释的。不过，岛上四处散落的撇号也不是没有。有家店名叫"Village Tee's"，我猜是卖 T 恤或高尔夫球座（golf tee）的？除非店主就叫"Village Tee"。通往冰刻沟（最后一次冰河世纪留下的一块露岩）的路上有家店，店前的看板上用字母摆出"UNC'L DIK'S"的字样。这些字错误百出，让我无从说起，但至少末尾的撇 s 是对的。我猜迪克叔叔（Uncle Dick）买了一套字母贴，每个字母都不重复，于是他决定把 C 和 K 平分在姓和名里。有可能他不小心把 E 掉湖里了，只好多加一个撇号来充数。

　　凯利斯岛上的很多房子门前都立着一块标牌，上面写着房名。有一个写着"我们的秘密隐居地"（Our Secret Hideaway），我总是会想，现在不再是秘密了。很多标牌上写着户主的姓氏，比如"Volt's"（伏特之家），其实应该是"Volt"或"The Volts'"（除非里面只住了一位姓伏特的老人，但那样的话他就不可能去张扬）。如果你打算在自家门前立一块标牌，写上家族的姓氏，像是宣称"这是我们家"，那就要用复数所有格，如"The Volts'"。如果你的名字以 s 结尾，就算看着不美观，如"The Norrises'"（诺里斯之家），还是要用复数。如果你不喜欢，那就别在门口竖标牌了。要是有人买了一块定制标牌送给你，上面却有错误，请从布克曼路（Bookerman Road）走出去，在岛中央的垃圾路（Dump Road）就能看到垃圾场。

　　结果呢，我对凯利斯岛名称的所有猜测都是白费工夫。

凯利斯岛撇号并不是受到了侵蚀，而是当时立法要求删除。同样的例子还有 Harpers Ferry（哈珀斯费里）、Pikes Peak（派克斯峰）、Snedens Landing（斯奈登兰丁）、St. Marks Place（圣马克斯广场）。1906 年，西奥多·罗斯福（Theodore Roosevelt）总统指示 1890 年由前总统本杰明·哈里森（Benjamin Harrison）成立的美国地名委员会（U.S. Board on Geographic Names）对地名进行标准化处理，该委员会决议要改变"组成地名的字词"，抛弃原意，使之成为"地理实体的固定标识"。根据政府的官方政策，地名"已不再有暗示所有权或联系的必要"。因此，美国政府实行了巴里·纽曼（Barry Newman）在《华尔街日报》上所谓的"根除撇号政策"（O'Malley 和 O'Connor 这类爱尔兰名字中的撇号则不受新规定限制）。"Martha's Vineyard"（玛莎葡萄园岛）中的撇号大约 40 年前被删除，于 1933 年恢复。这座岛在美国现存最古老的地名中排列第八。和拼写一样，这个地名还有段历史，但也并非众所周知。《葡萄园报》（Vineyard Gazette）称该名字能追溯到 1602 年。当时英国探险家巴塞洛缪·戈斯诺尔德（Bartholomew Gosnold）可能是为了纪念女儿玛莎，就用她的名字命名。玛莎去世后葬在英国萨福克郡（Suffolk）的贝里圣埃德蒙兹（Bury St. Edmonds）（原名 St. Edmond's Bury）。

170

◆ ◆ ◆

撇号正在消失吗？是太麻烦了吗？这个小蝌蚪很像逗号，只是要写在字母上方，而不是贴底线书写。它源自法语（法语中有很多缩合词，如 "Qu'est-ce que c'est?"）。格特鲁德·斯坦因（Gertrude Stein）[1] 不喜欢逗号，也讨厌问号，却偏爱撇号。她在《诗歌与语法》（Poetry and Grammar）一文中写道："有人认为所有格的撇号含有淡淡的影射之意，故很难坚决弃之不用。"

不过，如果写作的目的是表达清楚，也许我们不该照格特鲁德·斯坦因说的来。英语中的撇号有两种用法：一是构成所有格；二是表示缩略，即弥合单词中省略字母后的缺口，如 can't、won't、don't、ain't、o'clock、Chock full o'Nuts[2]、rock ' n' roll（如果非这么拼不可）、po'boy（如果你点的是牡蛎三明治而不是个穷孩子）。这两种用法都没法让撇号晋升为真正的标点符号：它改变了单词的形式，但并不表示停顿、停止或声调，也不对整个句子产生任何影响。就好像拼字游戏 Scrabble 里的空白牌（要是 Scrabble 允许缩写或所有格），用来替代省略的字母。但是由于种种原因，这个微妙的符号受到了抨击。

撇号在网络上就不受待见。域名里不用它。GPS（全球定位系统）识别不了它。2013 年，英国的中德文郡区议会

1. 犹太人，美国小说家、诗人、剧作家、理论家和收藏家。
2. 美国的一个咖啡品牌。

171

（Mid-Devon District Council）禁止在某些地名中使用撇号，"以避免'混淆'"，引发该国"撇号保护协会"（Apostrophe Protection Society，简称 APS）[1] 的极大不满。那样的话，Beck's Square（贝克广场）、Blundell's Avenue（布伦戴尔大道）和 St. George's Well（圣乔治井）就会受到影响。阿什伯顿镇（Ashburton）有位名叫玛丽·德·维尔·泰勒（Mary de Vere Taylor）的校对人员，她说："一想到要消除撇号，就不寒而栗……'有人会说我别闲着无聊，多出去走走。可我要是出门多了，看到本该有撇号的地名却少了撇号，我不敢设想我会做何反应'。"

随着短信时代的到来，坚持使用撇号的人更少了，就连缩写里的撇号都省了。人普遍都懒，为了打出"I'll"，就得从字母换成符号，再换回来，来回切换屏幕很麻烦，不然手机就会自动拼成"ill"。我喜欢用撇号，但智能手机里的联想组词却总让我恼火。在口语中，缩写显得没那么正式，但是如果输入时成了负担，那么不是撇号消失，就是缩写又变成了两个单词。

最后中德文郡区议会让步了。议会并不打算彻底废除撇号，也不是说撇号的使用规则太混乱，不如干脆弃之不用，毕竟也没那么高深。GPS 是卫星定位的——这还真有点难度——也没人把琳恩·特拉斯（Lynne Truss）2003 年的畅销书《吃，射，走》（*Eats, Shoots and Leaves*）编程输入卫星。在这本书里，她区分了所有格 ["the British government's idea"（英国

1.2001 年由英国林肯郡波士顿镇的约翰·理查兹（John Richards）创立。

政府的主意）] 与复数 ["the ideas of governments on both sides of the Atlantic"（大西洋两岸各国政府的主意）] 和复数所有格 ["all governments' stupid ideas"（所有政府的蠢主意）]。中德文郡的三个撇号至少目前算是保住了。"撇号保护协会"欢欣鼓舞，语言学家却暗自嗤笑，心想人们还真以为离不开撇号，甚至把它当成了标点符号。

◆ ◆ ◆

虽然"撇号保护协会"成立的"明确目的是保护撇号的正确用法，匡正时下各种英文文本中撇号滥用的乱象"，其网站上主要罗列了误用撇号的恶习："Taxi's Only"（仅限出租车停靠）、"Don't Judge a Book by It's movie"（别用改编电影来评价一本书）、"Ladie's"（女洗手间）、"Vice-Chancellors Lodge Private Grounds"（校长府私人领地）、"Toilette's Are for Customer's Use"（盥洗室供顾客使用）[1]。用错的撇号看得越多就越顺眼，似乎也越能接受。APS 主席是一位退休的文字编辑，英国称之为 subeditor。他的工作多半是"添加、删除或移动撇号"，连退休后也停不下来。人们常拿来开涮的撇号就是琳恩·特拉斯所谓的"the grocer's apostrophe"（杂货店的撇号），跟牛津逗号一比，相形见绌。我要是去街对面的杂货店，十有八九会看到一块招牌上印着

---

1. 正确的用法分别是："Taxi Only" "Don't Judge a Book by Its movie" "Ladies'" "Vice–Chancellor's Lodge Private Grounds" "Toilettes Are for Customers' Use"。

（是印刷，不是手写的）"Banana's"或"Papaya's"。这些招牌的主要问题是，为了节省空间，字母 s 给派上了两个用场：一是构成复数；二是与撇号一起，将名词变成所有格形容词。有时这些功能相互重叠或混淆，有人会用撇号构成复数。这岂不叫人绝望？APS 在其网站上称："我们深知英语是在使用中不断演变的，也无意当面指责误用者，而只为提醒所有的英文使用者，若要改正以前的无心之过，凡在通知公告或各种文件上，务必正确使用撇号。"

我不知道埃莉诺·古尔德有没有受邀加入 APS，但她一定会表示赞同。不过，露·伯克想必会觉得，退休编辑应该做点更有意义的事，不必继续追究那些用错的标点。露退休时，康涅狄格州民俗村（Heritage Village）曾有人问她有没有兴趣校对他们的时事通信，露拒绝了。撇号之类的标点只能自求多福了。

话又说回来了，杂货店老板何必要掌握撇号的用法呢？正确用法往往如过眼云烟，错误用法有时反而能逗人开心。我曾在时代广场见过一个标牌上写着："STREET CLOSEURE"[1]（道路封闭），颇有点法语的意味，让美国街道多了几分格调。也许梵蒂冈曾经发行过的纪念金币把"Jesus"误拼成"Lesus"，是耶稣想借此表达："别把上帝的钱浪费在制造纪念金币上。"东村某餐厅外的黑板上用粉笔写的特色午餐里有一道"salomon snad"。平常我绝对不会点"salmon

1. 正确的拼写应该是"STREET CLOSURE"。

174

sandwich"（三文鱼三明治），听起来不好吃，而且如果是用来做肉饼，肯定不会用寿司级别的三文鱼。不过我倒觉得这个"salomon snad"很吸引人。

把撇号当成珠宝吧，或许这样我们才会善待它。撇号有所有格和占有欲强的双重含义：它会咬定青山不放松的。

第九章

去他 * 的

英语中脏话的随意使用是否已达到了极致？反问句只问不答，我却要自问自答：Fuck yeah.（真他 * 说得对。）

在某种程度上这是件好事。乔治·卡林（George Carlin）曾列出了电视或广播中不能说的七个词（"fuck""piss""shit""cunt""motherfucker""cocksucker"和"tits"），但是《每日秀》（*The Daily Show*）的主持人乔恩·斯图尔特（Jon Stewart）说起这些下流话可带劲儿了，似乎毫不忌讳。当然，审查制度已经取得长足进展。在英语国家中，未经审查的脏话也许在英国电视剧《幕后危机》（*The Thick of It*）中达到了顶峰。该剧的编剧是阿尔曼多·伊安努奇（Armando Iannucci），"脏话顾问"是伊恩·马丁（Ian Martin），讲述一位冷酷无情的政客，他张嘴闭嘴都是脏话，如"E-fucking-nough"或"Fuckety-bye"[1]。相比之下，受清教影响的美国，其黄金时段的节目里满是星号、破折号和委婉语：*S*** my Father Says*（《老爸说脏话》）、*Don't Trust the B—in Apartment 23*（《23 号公寓的坏女孩》）和 *It's Effin' Science*（《奇妙的科学》）[2]。我倒认为使脏话禁忌之门大开的是尼克松总统，这要追溯到 20 世纪 70 年代的水门事件，他在那盘录音带上说了很多"应该删除的脏话"，不妨说这道禁忌之门是被打开了（总统说的脏话有见诸报端吗？）。《纽约时报》执意要扼杀"常见的粗俗

---

1. 分别是 "Enough"（够了）和 "Goodbye"（再见）。
2. 分别是 *Shit My Father Says*、*Don't Trust the Bitch in Apartment 23* 和 *It's Fucking Science*.

修饰语"，可是2005年普林斯顿大学教授的哲学著作《论扯淡》（*On Bullshit*）却登上了畅销书排行榜。有个博客专门搜集《纽约时报》里（适于见报的）的含糊语，并探讨记者与编辑之间的永久性争论：什么内容该直接引述？什么内容该拐弯抹角？为什么？我们该迎合谁的敏感神经？当然不是我，我已经不介意了。

讨论脏话时，务必要区分辱骂和亵渎。没有人会鼓动大家去犯第二戒："不可妄称耶和华你神的名"，不过有时确实很难办到。不管你对《旧约》里的上帝看法如何，他似乎没什么幽默感。据摩西（Moses）所言，耶和华把"不可杀人"放到十诫的第五条，却在第二条就要求我们不准拿他开玩笑？我的老天！2012年秋，飓风桑迪过后不久，我在教堂时，有人问牧师该区会众状况如何。他答道，布鲁克林高地一切尚好，但是丹波区（Dumbo）受灾严重。我说："Oh, God!"（哦，上帝！）接着就想收回这句话。我可是在教堂里呀。难道就想不到其他表示同情的方式了吗？我可以说"What a pity"（真不幸）或"God have mercy on the poor souls down under the Manhattan Bridge Overpass"（愿主保佑曼哈顿大桥下的那些可怜人）。但这些都不是我脑海中立刻涌现的说法，我在教堂前脱口而出的略带不敬的话，已覆水难收。但愿那句话能被当作一句简短的祈祷。

回想起来，我不由得敬佩老爸用词的克制。从小到大，如果出了什么差错——比如修水管时，他正安装的陶瓷水槽摔了个粉碎，他说过的最重的话也无非是"You dog"（狗东西）。话虽如此，从他说话的语气，也不难理解他指的并不是家里养的宠物狗。有时他会说"Great Scott"；要是气极了，才会说"Great Scott Murgatroyd"[1]。他以前是消防员。有次克利夫兰剧院（Cleveland Play House）后台报了火警，他赶到现场时，却听到他很欣赏的女演员劳伦·白考尔（Lauren Bacall）冲着闯进她化妆室的消防员说了句脏话。他从来没听女人说过"fuck"（如果白考尔女士当真这么说的话；但我确信她不会对消防员结结巴巴地说："去……你们的！"[2]）我也从来没听他说过"fuck"，直到在新泽西州开车时他才破了戒。

我妈则是个大俗人，说脏话如家常便饭。她叫邻居们别管闲事，末了还加一句"asshole"（蠢货）。亲戚里有个姨妈爱管闲事，我妈叫她"Fuzz Nuts"（八婆）。她也很懂怎么叫讨厌的人滚蛋。我以前修阿里斯托芬（Aristophanes）的希腊文戏剧课时，常常会想起我妈。我的希腊语词汇量还不够，喜剧《和平》（*Peace*）里有很多单词都翻译不了，所以我会跑到哥伦比亚大学巴特勒图书馆，去查阅利德尔和斯科特（Liddell & Scott）编著的大部头古希腊语-英语辞典。我发誓，我常常在这座学术殿堂里查到与"fart"（屁）相关的单词。我担心轮到我在课堂上做翻译时，我可能会被老妈附身，说出什么脏话来，让阿里斯托芬听了都难为情。

我以前不怎么说脏话，成年后才不忌讳。高中时，我曾一边甩上文件柜的门，一边克制地小声说了句"crap"（狗

1. 均为避免直呼上帝之名的感叹词。
2. 原文是"You ... words!""Words"用于某一字母后，礼貌或幽默地指以该字母开头的单词，以免冒犯或尴尬，如"F-words"。

屁）。我想把难听话留到后头。我曾和朋友们一起把电影《虎豹小霸王》（*Butch Cassidy and the Sundance Kid*）反复看了几遍，每次看到这一幕都哈哈大笑：罗伯特·雷德福（Robert Redford）曾对保罗·纽曼（Paul Newman）坦言自己不会游泳，可是为了甩掉追兵，他竟然从悬崖上纵身跳进河里，边跳边大喊："SHHHHHIIIIIIIIITTTT"。

　　大学时，学长学姐们会说"get their shit together"（振作起来）；我们喝金馥力娇酒（Southern Comfort）加可乐喝得"shit-faced"（脸色煞白，烂醉如泥）；上等大麻是"good shit"（好货）。有位朋友发觉，她听到任何事的第一反应都是"fuck"，不免担心起来。如果公交车上有个小老太婆对她诉苦，她会不由自主地回一句"Fuck"。老太婆有所不知，在 20 世纪 70 年代初新泽西州的大学城里，"fuck"的意思可能是"I'm sorry to hear that"（听到这件事我很难过）。1996年结束了心理治疗后，我才充分发泄了说脏话的冲动。当时我觉得自由无比——可以换工作、从皇后区搬到曼哈顿、能比较自由地支配收入，因为再也不用付钱给心理医生——我想到什么就说什么，简直是肆无忌惮。如果有人提到《欢乐之家》（*The House of Mirth*），我会说"Edith Wharton blows"（伊迪丝·沃顿糟透了）。如果有朋友推荐我读一读《米德尔马契》（*Middlemarch*），我会回一句"George Eliot sucks"（乔治·艾略特逊毙了）。这么说真叫人舒服。我仿佛从童年和青少年时期的假正经中破蛹而出，"他 * 的"化成了一只帝王蝶。所以对我来说，之前的心理治疗还是有用的。

不过在当前的环境下，要保持心理平衡还真的不容易。

2012 年春，《纽约客》刊登了科勒法·萨内赫（Kelefa Sanneh）[1] 的一篇文章，写的是说唱歌手"伯爵衫"（Earl Sweatshirt）[2] 曾因结交了狐朋狗友，被母亲送进萨摩亚（Samoa）的感化院。我把稿子读了七八遍，再三确认"Shit sucks"（烂狗屎）、"OMG Fucking Just Ran From A Pack Of Fans Threw Coachella. Shit Was Wild!"（我去，我刚逃开了科切拉音乐节的一大群歌迷。真他 * 疯狂！）和"LETS SWAG IT OUT"（一起狂拽炫酷帅炸天）当真是他的视频或推特里的原句，我被弄得晕晕乎乎的，竟忽略了末尾一个超显眼的错误（big-ass mistake）。这文章本身脏话连篇，说不定还是那小子自己写的，我不过是把"than"误看成了"then"，又有什么好大惊小怪的！依我看，经历过这种极度煎熬的校对人员都应该排排毒。我到现在都没完全恢复判断力，也区分不了准确精当的粗口和无端的四字脏话。

那时，我还不知道杂志社正进行着一场非正式的比赛：看哪位作者发的文章里"fuck"用得最多，而萨内赫与《纽约客》主编戴维·雷姆尼克（David Remnick）并驾齐驱。写说唱歌手或拳击，难免会引述一些脏话。如果你像雷姆尼克一样，俄语说得很溜，各种脏话更是信手拈来。俄罗斯有种

---

1. 自 2001 年起一直为《纽约客》撰稿，2008 年成为该刊特约撰稿人。
2. "伯爵衫"是他的艺名，其真名为西比·聂鲁达·考斯尔（Thebe Neruda Kgositsile）。

地下语言叫 *mat*，与"说唱"有几分类似，最初源自街头和监狱，连俄罗斯文化崇拜者也很难理解。雷姆尼克总结说，mat 语全都基于四个词，"分别是 *khuy*（屌）、*pizda*（屄）、*ebat*（操）和 *blyad*（婊子）"。维克托·叶罗费耶夫（Victor Erofeyev）曾在《纽约客》的一篇文章中进行了详细的语言学分析，令人瞠目。叶罗费耶夫写道："*Mat* 一词本身源自俄语中的'mother'（母亲），也是主要短语 '*yob tveyu mat*'（* 你妈）中的一个词。"俄语中前缀和后缀用法灵活，能将这四个词变形并组合成形形色色的下流话。彼得大帝、陀思妥耶夫斯基、普希金和莱蒙托夫都使用过 *khuy* 和 *ebat*。在叶罗费耶夫列举的例子中，有一个不太粗俗的说法是 *khuem grushi okolachivat*，与之对应的意大利俗语是 *dolce far niente*（无所事事的美好），译成英语是 "knocking pears out of a tree with one's dick"（用阴茎把树上的梨子打下来）。

自从作家宝琳·凯尔和主编威廉·肖恩为了 "shit" 能否刊出而争论不休以来，《纽约客》就仿佛患上了严重的妥瑞氏症 [1]。1979 年夏末，《现代启示录》（*Apocalypse Now*）上映时，正值凯尔休假，肖恩先生让代班影评人维诺妮卡·戈恩（Veronica Geng）引用了电影的开场白："Saigon. Shit."（西贡。狗屁。）凯尔错失了良机。多年前，卡尔文·特里林报道美国南部取消学校种族隔离、实行黑白合校时，曾下决心，如果肖恩不同意刊出乔治亚州州长莱斯特·马多克斯（Lester Maddox）说的原话："The federal government could take

---

1. 多发性抽动与秽语综合征，一种遗传性的神经运动疾病。

182

its education money and 'ram it.'"（让联邦政府把教育经费拿走吧，去他的！）他就以辞职来抗议，肖恩认为这些字眼确实与报道内容相关，所以保留了下来。编辑罗伯特·戈特利布（Robert Gottlieb）则延续了保守的传统，不让麦克菲在关于一艘商船的报道中引用船员实际所说的粗话。多年后，麦克菲终于一吐为快，在一篇关于编辑的文章中，他像水龙头开闸似的，有一整段都充斥着"fuck"。

20 世纪 70 年代中期，肖恩聘请了一批作家来写"街谈巷议"，他们常常觉得肖恩的一些禁令莫名其妙。除了常见的人体排泄物——屎、尿、血和痰，连鱼钩、假发、双胞胎和侏儒这些词也让他反感。马克·辛格（Mark Singer）有次报道州参议员罗伊·古德曼（Roy Goodman）在竞选中使用卑劣手段，其中影射古德曼家族靠卖泻药 Ex-Lax 发财致富的部分就被删除了。他还写过一篇报道，用表格核算乘地铁去看电影和买零食的成本，编辑们把"Junior Mints"（薄荷糖组合）删掉了。当辛格问起原因，体例编辑霍比·韦克斯对他说："《纽约客》的作者不该吃这个。" 据伊恩·弗雷泽所说，如果尽可能将所有触犯肖恩的禁忌汇成一句话，那就是"The short, balding man wearing a wig took his menstruating wife to a boxing match."（矮个儿、谢顶、戴假发的男人带着来月经的老婆去看拳击比赛。）

如今，钟摆却摆向了另一个极端。说巧也不巧，弗雷泽为了去西伯利亚旅行，曾学过一阵子俄语。后来他给俄罗斯艺术家亚历山大·梅拉米德（Alex Melamid）创办的杂志《橡皮筋协会公报》(Rubber Band Society Gazette) 写了一页稿子，可谓脏话连篇。弗雷泽回忆说，雷姆尼克表示"他很喜欢"，"这为我壮了胆，我又给他写了一篇"。于是"脏话老妈"(Cursing Mommy) 专栏诞生了，一种类似于《海洛威兹的建议》的专栏，笔锋一转就爆粗口，例如 "Somebody please tell me I have not lost my stupid goddam fucking drink."（行行好，谁能告诉我，我那该死的酒丢哪儿去了。）她用的吸尘器叫"吸更多"(SukMore)。多亏有了这个专栏，弗雷泽能宣称"我在《纽约客》一页上写的脏话比任何人都多"。

自从校过关于伯爵衫的那篇稿子之后，我感觉自己对真正脏话的判断力——何谓搞笑段子、何谓新闻报道——已经靠不住了。本·麦格拉斯(Ben McGrath) 在写一支巴西球队的稿子中，用了一句 "bros before hos"（重友轻色），我首先关注的是"hos"（娼妓；破鞋）的拼法。可能是葡萄牙语叫我分了心——这是唯一一门让我学得想哭的语言。我用了通用搜索功能，给 "São Paulo"（圣保罗）中的字母 a 标上重音符号，并坚持巴西货币单位 real（雷亚尔）要用葡萄牙语的复数，即 reais。（在葡语中，r 的发音近似 h，l 近似 w，所以 real 读作 heyo-ow，而 reais 读作 hey-ice。）ão 上的重音代表鼻音化的双元音，听起来像是史前鸟类求偶的叫声。读错的话——外国人几乎不可能读对（除了密歇根州佛特林市的某些天才）——你就会沦为面包店的笑柄：你以为自己要买的是一条面包 (pão)，实际上却是木头 (pao)，而这个单词和在英语中的意思一样，是 "dick"（阴茎）的变体。

不管怎样，在那篇稿子中"bros before hos"是指一群乘巴士的足球球员中，其中一个说想请假去陪新女友，但因为"重友轻色"，他被其他人拒绝了。另一个审稿的编辑把"new girlfriend"和"hos"圈起来并批注："同义词？"当然不是啦。我对这个质问并不太在意，还是一门心思地想确定不会有人把"hos"和"hoes"（园艺工具，即锄头）弄混。在定稿会议上，作者再次提到了这个问题："就这么印出来真的可以吗？"我提出了同事的顾虑——他自己是个已婚球迷，不希望老婆被贬作"ho"。不过，我觉得在这个语境中，显然不是当真的，而是一派轻松，是男人间的脏话。于是我们把它保留了下来。

这篇文章刚一刊出，就有人发了条推文说《纽约客》史无前例地用了"bros before hos"。那是自然。如今大家都争着看谁能最先把别人没用过的脏话刊登出来。后来，巴西媒体写了一篇报道，称某足球队被比作妓院，我这才明白，足球球员和他们的老婆、女友们自然会对与自身相关的文章感兴趣，也会找人替他们翻译。"Bros before hos"译成葡萄牙语会是什么样？会不会类似于"players versus prostitutes"（球员 vs 妓女）？我们是不是无意中把足球队比成了妓院？我一天一夜不得安宁，担心那些球员和他们的老婆、女友知道自己被称作妓女该如何恼怒不已，所有球员老婆可能会联合抵制球赛，由此引发争论，然后惊动巴西女总统迪尔玛·罗塞夫（Dilma Rousseff），最后演变成一出国际事件，使巴西拒绝美国记者进入该国。巴西是天主教国家，尽管足球免不了出现暴力和粗口 [该报道中还提到了一则轶事：有个球员作势亲吻另一名男子，以表示对同性恋的支持；下场比赛却有球迷叫他"faggot"（基佬）]，但是女人随随便便被人叫作"妓女"并不好笑。是我大意了，没仔细想想美国俚语译成葡萄牙语听起来会是怎样。不过话说回来了，难道你说什么都得想想译成葡萄牙语听起来会怎样吗？

体育赛事常常会让人进退两难，你得在报道某人所说的粗话和思量它是否有新闻价值之间做出选择。结果呢，在巴西引发热议的并不是那句"bros before hos"，而是这篇文章中用英文直接引用巴西某球队副总裁说的一句话，他把经营球队比作管理妓院，还说自己乐在其中。因为是引文，我就没想到提出质疑，虽说当初我简直不敢相信自己的眼睛。现在不是我担心会引发国际风波的时候了，我要为自己的失误承担后果。密尔沃基市有位愤怒的读者来信说，"bros before hos"不经意间流露出对女性的厌恶，这也让我意识到我的分内工作是协助作者，而作者本人此前表达过对这个短语的疑虑。这是我的过错。

我还有一次判断失误。我在一篇稿子中读到某重要团体的一名主管，忆起自己曾对批评他的人说过"Fuck you!"我心想，这话说得重了，但也没建议修改。记者公正审慎，也如实引用了该主管的原话。第二轮审稿时，我又有机会再次提出质疑，想改变主意还来得及。但是我还是告诉自己，该主管摆明了不在乎别人怎么想。我最后一次审稿时，那个"fuck you"不见了。在定稿会议上，主编对最终删掉那句脏话的决定略微提了提。是我再次判断失误，没对脏话提出质疑吗？既然不是我提的，又会是谁呢？质疑的人该不会认为我失职吧？作者和主编是不是都在等我把它删掉？我是不是成了不设限的家长？发现脏话被删掉，我不由得松了一口气；也正是这种如释重负的感觉让我恍悟，当初应该提出质疑。

后来，我向主编打听这件事，才知道是该主管自己反对脏话被引用——语气太强烈、不留余地又带着挑衅，还是在董事会议室里。主编自称"铁面无私"，总是照原话刊登，让当事人自食其果："你说了就说了——收不回去了。"但是该主管解释说，他是换了种说法。这一次删除脏话之举，比每次都原话刊出，更有教导意义，这表明脏话仍然有威力。

◆ ◆ ◆

委婉语的力量时不时会显山露水，其英文"Euphemism"也源自希腊语词根: eu 意为"好的"[如"eugenics"（优生学）、"eupeptic"（消化良好的，乐天的）]，而 pheme 意为"言语"；即粉饰之意。斯嘉丽·奥哈拉（Scarlett O'Hara）[1] 会用"Fiddle-dee-dee"（胡说）来表达"Fuck this shit"。秀兰·邓波尔（Shirley Temple）则爱说"Phooey"（呸）。"Jeepers"和"Jiminy Cricket"（天哪，哎呀）是对"Jesus"和"Jesus Christ"的改头换面。以前我每逢宿醉的日子，一想起某家律师事务所的信头印着"Johnson, Johnson, Johnson & Johnson"，就笑个没完。不知为何，很久以后我才发觉，位

---

1. 又译郝思嘉，长篇小说《飘》（Gone with the Wind）的女主人公。

于我所在的大学城新布朗斯维克的"Johnson & Johnson"（强生）公司着实可笑。我敢说，词典编纂之父塞缪尔·约翰逊要是知道他的姓氏与"阴茎"同义，也会被逗笑的。一天，我在平淡的工作日中读到了这句话"Robert Caro writes in the most recent volume of his Johnson biography…"（罗伯特·卡罗在他最新出版的约翰逊传记中写道……），不禁哈哈大笑。我明知道罗伯特·卡罗是在为林登·约翰逊[1]写传记，但是独自坐在办公室里，我任由自己把罗伯特·卡罗想象成一个外表古板守旧的男人，性生活却放荡不羁，得给自己的老二写一部多卷本传记。

不知道我们对脏话能放宽到何等程度，才不至于让人反感。词典编纂家杰西·施洛尔（Jesse Sheidlower）编写了《以 F 开头的脏话》（*The F-Word*）一书，有 270 页，按字母顺序收录了这一用途广泛的脏话的各种版本。我和同事们曾在办公室里争论过，究竟书名应该写成 F-word、F word、"F" word 还是"f"word，但是谁真的在意这个委婉语的正确形式呢？努力去坚持这一点，挺奇怪的。我们楼下是纽约闻名遐迩的二手书店 Strand，在语言分类区摆放着施洛尔这本词典的各种版本，在绵延十几英里的书架[2]中占据了几英尺的地盘。我自己有一本新版的红色亮面精装书，但 1995 年的初版却好似裹着普通牛皮纸的色情小说。《以 F 开头的脏话》有点像摇

---

1. 美国第 36 任总统林登·约翰逊（1908--1973 年）。截至 2013 年，罗伯特·卡罗为他写了四部传记。
2. 该书店又名"18 英里书店"（18 Miles of Books）。书店老板弗雷德·巴斯（Fred Bass）称，实际上所有的书加起来总长已超过 23 英里，但是觉得 18 英里更好听，故保留了这一说法。

滚名人堂：词典如同博物馆的展品，势必会让珍藏其中的东西失去最初赋予其活力的原始特质。

语言不能用立法约束。禁令从来都行不通，不是吗？酒、性和文字皆然。但是谁也不想总是受这四个字母组成的脏话的打击，如果要用，那就用对地方。脏话应该是有趣的。我喜欢本章的英文标题（F*ck This Sh*t），本想完整拼出来——那样才够帅！但是这该死的委婉语更讨我欢心：代替元音的星号是内部的标点，是文字里小小的焰火。

第十章 铅笔控之歌

孩提时，有两次使用铅笔的经历，影响了我日后习惯的养成。第一次是在幼儿园，当时我们刚学习用印刷体写自己的姓名。我们坐在矮桌前的小椅子上，克罗斯比老师（Miss Crosby）在每人面前放了张卡片，上面印着我们的名字，我们要练习把名字抄写到一张纸上。我握紧粗杆的提康德罗加牌（Ticonderoga）铅笔，虽说一笔一画都写得小心翼翼，可是写完后，我往后一坐想看看成品，写得却像鬼画符：sirroN yraM[1]。克罗斯比老师走到我身后（我不喜欢那样；那时还有防空演习，谁也不晓得会发生什么事），然后把我握着铅笔的右手移到纸的另一端。我又写了一遍自己的名字，这次字母顺序没写错。此后数年，为了按照正确的顺序，即从左侧开始写字，我得闭上眼睛，让思绪飘回幼儿园的那间教室，地板上散落着积木、串珠，留着黄色污渍，还要回想身后的门和前方高高的窗户，然后把手移到身体的另一侧，朝向离门最远的那扇窗，最后才落笔。我就是这样学会了从左到右的书写。

第二次是在家里的餐桌上。我爸妈去丹尼森大道（Denison Avenue）的常春藤小馆（Ivy Inn）喝啤酒了——用老妈的话说是"出门娱乐"，这是他们难得的消遣——把我哥迈尔斯留下来看家。我拿着铅笔和纸自娱自乐。我喜欢下笔前先舔一下笔尖，想必是以为笔尖润湿了，写出来的字更黑些。但这支铅笔不一样，兴许是我从老爸的工作台上搜刮来的。我们家

---

1. 这两个单词是作者英文名字母倒过来的拼法。

总是缺铅笔用。这支没有橡皮头，铅芯是紫色的，舔起来口感格外好。迈尔斯发现了我的行为，他说："那支铅笔是擦不掉的！"我两手都染了色，嘴唇也变蓝了。他叫我伸出舌头，一看是紫色的便说："这些铅笔印永远都洗不掉哟！"

我在天主教学校学过什么是污点——原罪的永久污点——我吓得号啕大哭起来。我边哭边揉眼睛，泪水在脸上冲出一道道的紫印子。我确信，从今往后我的过错人们一看便知。

从此，我只对能擦除的铅笔感兴趣。在校对部门的埃德·斯特林厄姆手下工作时，我更坚定了这一点。埃德的字写得认真工整，但他下笔很轻，字迹浅淡，问题就来了：校对后的校样要传真到印刷部，但埃德的标注有时传不过去。错行是校对工作的大忌，所以要是想把一整段移到已经有多行文字的页面，就得标示清楚，而埃德习惯用蓝铅笔。但是传真机不能识别颜色，所以蓝色非但不醒目，反倒完全传不出去。排版部门的同事们恳请他别用蓝铅笔。他会记住一阵子，可是不久老毛病又犯了，真是无可救药。

排版部门的伙计们（那年头全是男员工）很务实，为解决这个问题费了些心思。他们知道不可能把埃德赶走，这份工作他已经做了差不多三十年了；也不可能劝他写字再用点力，让他改变他一辈子的书写习惯。他们能改变的就只有铅笔了。排版部门主任乔·卡罗尔（Joe Carroll）给校对部门带回几盒一号铅笔，可能是从大厅格雷厄姆（Graham's）文具店买的，我当初就是在那里买的防滑指套。在笔芯的硬度等级中，一号是极软的，即使埃德不用力写，新铅笔的字迹也会更深。

我的问题与埃德相反：我下笔很重，字又潦草——从小学三年级起就有人嫌我的字难看了——所以我常常得把字擦掉重新写工整。传真机把橡皮擦涂的痕迹传了过去，形成类似羊皮复写纸的效果。我在核对部门誊写了很多知名语法学家所做的修改，从中受益良多，但是中世纪的"抄写员"工作可能不适合字迹潦草的人。我的字综合了很多人的字体：有一阵子我模仿乔治·哈里森（George Harrison）[1]签名里 G 的写法；某朋友写字母 J，起笔画一个大圆弧，向下行笔线条细长，我学会了就一直这么写。我在某处读到，如果用印刷体写字母 M 时双峰尖锐，说明你讨厌自己的母亲。没错，我妈常常把我逼疯，但是我不想那样签名。我还在别处读到，字母不连笔表示有创意，很遗憾我的字显得古板滞涩。我唯一不连笔的字母是 z，因为我忘了手写体的写法，看上去像个 y，所以只能写成印刷体。十来岁时，当我参加一场比赛，要用不超过 25 个单词说明自己为何有资格赢得眼妆包之类的奖品，或是以歌迷的身份给保罗·麦卡特尼（Paul McCartney）写信时，我要仰仗自己的文字和笔迹来施展魅力。保罗一定会爱上我姓氏里大写 R 的性感长尾巴。后来读了研究生，我在教写作课时发现，字写得最工整的学生，文章往往写得最乏味。

　　过去在《纽约客》时，如果铅笔尖用钝了，只管扔到一边用新的。每天早上办公室小弟都会端来一盘刚削好的木质铅笔，全是长铅笔，没有短笔头。他把铅笔端过来，你就抓一把来用。听起来简直像做梦！当时我就觉得，这个勤杂工

1. 披头士主音吉他手。

193

连同他端的那盘铅笔会像象牙喙啄木鸟一样成为历史。

　　后来，办公用品柜里堆放着一盒盒的一号和二号铅笔。我只用取出一打削好（我当时用的是电动削笔刀），插进笔筒里。真是太奢侈了。我长时间尽职尽责地用一号铅笔抄写修改处，渐渐习惯了软铅芯的质感。有时编辑会拿着铅笔来回走动，暂时借用我的桌子做些修改，然后就把铅笔落下了，和我的混在一起。如果我不小心拿到了那支铅笔，就会觉察到异样。凑近一看，笔杆上果然凸印着二号的字样。用二号铅笔写字让我有种宿醉的感觉，手和大脑像是分了家，整个人仿佛置身于纸张之外。我总是把它丢到抽屉里。

　　多年后，我似乎把时代广场卖的一号铅笔都用尽了，便请办公用品负责人代我订购，她却说订不到。"订不到？什么意思？"我问。"这些铅笔不在目录里。"她答道，然后拿了本厚厚的办公用品目录给我看，让我自己挑选。我震惊了。这份目录让我想到某朋友买了墨西哥科苏梅尔岛（Cozumel）的分时度假后，收到了一本度假俱乐部目录。她可以将目的地换成目录上的任一地点。但是假如她想去的地方不在目录里呢？我对自己想去旅游的地方总是心中有数，行程也往往排得太满：伦敦、坎特伯雷、多佛、莱恩、莱伊、瓦伊、斯旺西、廷塔杰尔、都柏林、基尔肯尼、戈尔韦、梅奥，再回到伦敦，顺便去牛津一日游；雅典、克里特岛、罗德岛、塞浦路斯岛、萨摩斯岛、希俄斯岛、恰纳卡莱（特洛伊）、伊斯坦布尔、塞萨洛尼基、斯基亚索斯岛、德尔菲、迈锡尼，再回到雅典，顺道去苏尼翁角看看拜伦刻下的签名。她怎能让自己受目录景点的限制呢？

"你试过自动铅笔吗？"同事问我。她给了我一支自动铅笔，固定在硬塑料壳下的塑化纸板上，附带一小管替换铅芯。我真的试过了，但就是用不来。我没法按一下就出来长度刚好合适的铅芯，总是按过头，出来的铅芯太长，一用就断。我摇了摇自动铅笔，不相信铅芯会自动落入出芯槽里。我讨厌拆开笔头，更换新铅芯，感觉像在用假手写字。对于我们这种喜欢用天然石墨写字的人，办公用品目录无法让人满意。

最后，我只能自己买铅笔用。但是铅芯最软的铅笔越来越难找。我在洛克威的罗格夫文具店（Rogoff's）找到了少量一号铅笔的藏身之所。罗格夫是洛克威的名店，有家牙科诊所与之同名。小孩子去海滩的路上时，会很期待到这样的店里逛一逛，能从一排排便宜玩具、廉价海滩用品和派对用品中挑选一样。这家店的文具架令人心旷神怡，我仿佛回到了童年，痴痴地看着那些空白本、派对邀请卡、不同颜色的索引卡和浅色的标准拍纸簿。摆着一盒盒铅笔的货架更是诱人，但是我把一号铅笔扫光之后，罗格夫就没再进货（最新情报：他们又进货了！我一下买了两盒）。

于是某个圣诞节，我在网上发布了一份心愿单，把对铅笔的需求公之于众，其中包括 iPhone 手机、智能汽车、头发保险、圣礼容器和一号铅笔（难怪大家会选铅笔）。有人竟然问："你确定不是二号铅笔？"二号铅笔随处可买，我又何必特意求助呢？就在前些天，我在公园大道南路的下水道里发现了一支铅笔。我当然捡了起来，虽说我对铅笔百般挑剔，但是保不定哪天要用到，即使是个铅笔头也叫人谢天谢地。让我意外的是，有人说二号铅笔更好用，因为铅芯硬，不用常削。我却要说，再麻烦也值得。那年十二月，我收到了一个邮包，里面有整整一罗（十二打）的狄克森·提康德罗加一号铅笔，是某个神秘仰慕者送的礼物。我想这辈子都不愁没铅笔用了。

连年的挫败和折磨也由此开启了。我以前也用过烂铅笔，但从来没有一次来一罗。我每次一写，铅芯就会断；我就削削铅笔，可铅芯又断了。我在削铅笔时看到笔杆里的下一段铅芯并不牢固，快要折断了。我就试着削过那一截——好比我快进磁带，跳过卡带的部分——却发现整支铅笔的铅芯都碎了。如果一支铅笔是这样，整盒铅笔都在劫难逃。

在办公室也越来越令人尴尬。开定稿会议时，我会拿一把铅笔和一块魔力擦（Magic Rub）橡皮。笔尖用钝了，我就甩到一边；笔尖断了，我就觉得自己很蠢。一位作家对我挥了挥他的自动铅笔，然后敞开西装外套，内侧胸袋里还藏着半打。他调皮地解释说，自己在核查部门有渠道。

我决定把这些铅笔寄回经销商。从包装来看，我只知道铅笔是从新泽西州的一家批发店寄来的。我想象着在梅多兰兹（Meadowlands）的装卸区，从卡车上甩下一箱箱的铅笔。在该公司的网站上，我得知狄克森·提康德罗加公司的总部在佛罗里达州，而铅笔是在墨西哥生产的。创始人约瑟夫·狄克森（Joseph Dixon, 1799—1869 年）最初在马萨诸塞州塞勒姆镇开业。"约瑟夫·狄克森的发明之一是耐热的石墨熔炉，在美墨战争期间广泛应用于钢铁的生产。这项发明大获成功，约瑟夫·狄克森于 1847 年在新泽西州建了一家熔炉工厂。"

该网站还简述了铅笔的历史:"早在 1829 年,约瑟夫·狄克森就发明了第一支石墨铅笔,但在 19 世纪 60 年代,人们依然用羽毛笔蘸墨水书写。直到南北战争爆发,对干燥、干净而便携的书写工具的需求大增,才导致铅笔批量生产。约瑟夫·狄克森是开发铅笔自动化生产的第一人。1872 年,该公司日产 86 000 支铅笔。"

狄克森先生的一个特点是"好奇心强……思维敏捷,总能把握'当下的时机'"。这大概能解释该公司在近现代不失时机推出的铅笔产品,包括乳腺癌防治意识铅笔、"妙抗保"(Microban)抗菌铅笔(在流感季书写用?)、用"重新造林的天然木材"生产的 EnviroStiks 环保铅笔。我没有看到任何一号铅笔的介绍,或许是因为没有销路而停产了吧。

我秉持着老妈和各地不满意的消费者的精神,给狄克森·提康德罗加公司的 CEO 写了封信:

随信附上 2009 年 12 月新泽西州一家批发店寄货所剩的:六打未拆封的狄克森·提康德罗加一号铅笔、一盒未削的七支一号铅笔和一打用过的铅笔,铅芯折断程度不一。这些铅笔很让我失望。我还是忍不住想用,希望下次里面的铅芯不会断。我能感觉到铅芯折断前,笔尖弯曲,甚至能感觉到笔杆里铅芯摇晃。我的电动削笔机里卡了很多断铅,害得我把削笔机都扔了。手动卷笔刀也得拆开清理。我的部分工作是参加编辑会议并记录会议内容，用铅笔在校样上标注修改处。每次铅芯在同事面前折断，我都觉得既沮丧又尴尬。

写投诉信的人多半想要退款或免费商品。我不确定自己想要什么，但肯定不是想要更多有瑕疵的铅笔。我把写到一半就折断的铅笔也退了。我说，之所以把"未用过的铅笔"退回去而不是扔进垃圾桶，是因为如果有人捡了回去，像我在公园大道南路拾过一支二号铅笔一样，岂不是要把自己经受的挫折施加给别人？简言之，这封信的要点是：把这些铅笔收回吧。不过，我还是想得到回复，于是就探究了这些铅笔质量低劣的原因：

> 我很好奇您对此怎么看：是石墨有瑕疵，还是制作工艺的问题？或是运送途中的过失？被人摔了？是哪里生产的？有质控吗？贵公司有着光荣的历史，且以"出类拔萃"为企训，何以出现这些劣质铅笔，您能否解释一下呢？

◆ ◆ ◆

我对收到回信没抱太大希望。我曾在格林尼治村的一家艺术用品店买过四支不带橡皮头的铅笔，于是我就凑合着用。但是没多久，有个朋友在浏览 pencils.com 网站时，发现一家名叫卡尔·思达（Cal Cedar）的铅笔公司再度生产了"黑翼"（Blackwing）铅笔：黑色笔杆，带有独特的扁平橡皮擦。自1998 年停产以来，这款铅笔的狂热爱好者仍愿以每支 40 美元的高价购买。我朋友下了订单，寄给我一盒 12 支装的黑翼铅笔。铅芯没分等级，但是绝对比二号铅笔软，价格也不菲。黑翼铅笔的标语是"用力减半，速度加倍"（Half the Pressure, Twice the Speed）。

我一用成瘾。这种铅笔就像奥利奥（Oreos）一样令人无法自拔。不久我就开始成打成打地买来用。盒身的描述如同品酒说明：帕洛米诺（Palomino）黑翼 602，炭灰色笔杆、带黑色橡皮擦，其"石墨配方""坚硬而顺滑"；帕洛米诺黑翼，黑色笔杆、带白色橡皮擦，"柔软而顺滑"。此后该公司推出了白色笔杆的黑翼珍珠（它让我想到"初领圣餐"时的白衣白裙），其特点是"软硬适度而顺滑"。

第一次买铅笔后不久，卡尔·思达公司就举办了一场铅笔派对，庆祝黑翼的重归。主持人是该公司的第六代总裁查尔斯·伯罗茨海默（Charles Berolzheimer），身着笔芯渐变色调的衣服。数百名铅笔爱好者齐聚艺术指导俱乐部（Art Directors Club），有人在大张白纸上涂鸦，有人在小公用笔记本上写字，有人自己动手制作西洋镜（thaumatrope），尝试"暗箱"和"明箱"摄影实验。有位女士头发里插了两根黑翼铅笔。一支巨大的展示铅笔悬挂在天花板上，进场时每人都能得到一支免费的帕洛米诺黑翼或黑翼 602 铅笔。

一张关于铅笔发展史的时间轴铺满了一面长长的墙

壁，记录着许多贡献卓著的名字：辉柏（Faber）[1]、艾伯哈德（Eberhard）[2]、狄克森（Dixon）、达·芬奇（da Vinci）、梭罗（Thoreau）、英国最早的石墨矿产地博罗戴尔（Borrowdale）。黑翼铅笔的爱好者有史蒂芬·桑德海姆（Stephen Sondheim）[3]、"兔八哥"之父查克·琼斯（Chuck Jones）、约翰·斯坦贝克（John Steinbeck）、弗拉基米尔·纳博科夫（Vladimir Nabokov）和费·唐纳薇（Faye Dunaway）。该时间轴也包括周边产品（如卷笔刀和橡皮擦压花器）的先驱。那晚是我初次涉足铅笔大世界，最吸引我的事情莫过于：每支铅笔都是三明治。多年来，我一直都好奇铅芯是怎么装进铅笔里的。原来，铅笔是用好时巧克力块大小的瓦楞木板条制成的。石墨放在凹槽里，再将另一块板条粘在上面，然后把这块"三明治"切割成一根根的长条，经过打磨、上漆、装金属环和橡皮擦，令人垂涎的黑翼铅笔就这样诞生了。

Pencils.com 网站还试图用各种颜色的橡皮擦来引诱我，但我没上钩。帕洛米诺黑翼铅笔附带的橡皮擦是扁平的，像拉长的芝兰（Chiclet）口香糖，用小夹钳固定在独特的扁平金属环内。橡皮擦可以拉伸并塞回金属环中，以延长使用寿命；更好的办法是颠倒过来，新的一面棱角分明，能满足你精准擦拭的需求。扁平金属环可防止铅笔从史蒂芬·桑德海姆的钢琴之类的表面滑落。

1. 卡斯帕·辉柏（Kaspar Faber, 1730—1784 年）：德国企业家，于 1761 年在自家的小作坊里制作了世界上第一支铅笔，由此创造了著名的辉柏嘉（Faber–Castell）书写和绘画品牌。
2. 约翰·艾伯哈德·辉柏（Johann Eberhard Faber, 1822—1879 年）：德裔美籍铅笔制造商。
3. 斯蒂芬·乔舒亚·桑德海姆（Stephen Joshua Sondheim, 1930– ）：美国作曲作词家，号称概念音乐剧鼻祖。

但是我不用铅笔自带的橡皮擦。当初那一大批有瑕疵的、提康德罗加铅笔上的橡皮擦都完好如初。只要一看铅笔头的橡皮擦磨平了，我就知道是别人的笔混进来了。我常常写错，所以得用至少像冰块那么大的橡皮擦。目录上提供的是"魔力擦"，灰白色的乙烯基材质，形似多米诺骨牌。我常用它来擦除我在校样边缘写的评注，有时我觉得非写不可，一写就长篇大论，擦了之后又后悔。每次工作之后，我的一个日常例行程序就是清扫桌子上像铸造粉尘似的橡皮屑。过去，我常常一次只用一块橡皮擦，用成一丁点大，害得自己手忙脚乱地四处寻找，担心被清洁女工扔掉了。如今我一次就拿一整盒12块装的魔力擦。用到只剩最后三块时，我就开始焦虑，得去办公用品柜再拿一盒。

我在铅笔派对上得知，带橡皮头的铅笔有段备受争议的历史。早在 1650 年的纽伦堡，铅芯最初是粘在木头上的，这就是现代铅笔的前身。但是根据亨利·波卓斯基（Henry Petroski）的权威著作《铅笔》（*The Pencil*）[1]，直到 1858 年，一个来自费城、富有创新精神的美国佬海曼·利普曼（Hyman Lipman），申请了将橡皮擦附在铅笔上的专利。约瑟夫·瑞肯多佛（Joseph Reckendorfer）买下其专利权，并于 1862 年申请了改良版橡皮头铅笔的新专利。在欧洲，尽管在 1864 年一场纪念德国铅笔之父洛塔尔·辉柏（Lothar Faber）的游行上，有人扛了一支 8 英尺长（约 2.44 米）的橡皮头铅笔，

---

1. 亨利·波卓斯基（1942— ）：美国杜克大学土木工程、历史学教授，擅长失效分析。其著作的全称为《铅笔：设计与环境的历史》（*The Pencil: A history of Design and Circumstance*）。

但如今的橡皮更多的是分开出售。

在英国，橡皮擦叫作"rubber"，名字取自最初的橡胶原料。其实应该反过来：橡胶之所以叫"rubber"是因为这种胶质适合擦除（rub out）错误（美国人所说的"rubber"是"避孕套"，英国人则称之为"French letter"。法语的橡皮擦是"*gomme*"）。在使用橡胶之前，最适合擦除铅笔痕迹的材料是面包屑。挑剔的人可能会说，橡皮头铅笔好似沙发床：听起来似乎是个好主意，但往往既比不上最好的沙发，也比不上最好的床。无良铅笔商要么把重点放在橡皮上，有时会用劣质的铅芯来欺诈消费者；要么铅芯质量尚可，但橡皮擦却会把写错的字迹弄花，让错误更显眼。凡是想把两种不同的东西融合为一种产品，就会导致两者的品质同时下降。

我的艺术家朋友们对橡皮擦格外讲究：软胶擦（Art Gum）或粉珍珠（Pink Pearl）之类的橡皮擦留下的污迹和模糊能增添绘画的质感。长条橡皮擦使艺术家在擦拭时，手掌不会接触作品。我见过捷克"酷喜乐"（Koh-i-Noor，该铅笔公司与"光之山"钻石同名）生产的橡皮擦，能擦掉墨水印，标签上写着"浸过消字液"。还有电动橡皮擦看上去像牙医用的洁牙器。已故的编辑部前同事比尔·沃尔登（Bill Walden）有一头粗硬的短发，一笑就露齿，胸前口袋里插满了书写用具；他有一支装电池的电动橡皮擦，能把纸擦出破洞来。

波卓斯基称，纳博科夫曾说"他的铅笔比橡皮擦寿命长"。（薇拉怎么不给他买块魔力擦呢？）约翰·斯坦贝克"只要手能触到金属环就没法用那支铅笔了"。我和斯坦贝克是一路人。一旦铅笔用到一半，黑翼那特别的金属环就硌得我手疼。最近我把一大把用过的黑翼铅笔送给了一位同事。事先把笔都削好了，她感激不尽，每支都用到只剩一小截。

在铅笔派对上，我头一次见到了手摇式长笔尖削笔机。在此之前，我以为手摇式削笔机不过是个玩具；我自己出于感情的缘故，珍藏了一台帝国大厦造型的削笔机，但是除了当蛋糕装饰物之外，别无用处。派对上还设了削铅笔休息区，一面墙上陈列着最先进的壁挂式 X-Acto 削笔机（不仅能削出漂亮的笔尖，削笔时还没什么噪声），还有大卫·里斯（David Rees）所著的黄色封面《如何削铅笔》（*How to Sharpen Pencils*），这是一本为数不多的、能同时归类于"幽默小品 / 工具书"的书。

在参加铅笔派对之前，我总觉得自己在同事中是个孤独的异类，他们都安于使用二号铅笔和各式电动削笔机。读了大卫·里斯的书我才明白个中原因。尽管我在工作时也依赖电动削笔机，但我老觉得不如意：你看不见削铅笔的过程。

大卫·里斯专门从事手工削二号铅笔的工作，但要收费（起初是 15 美元，但是跟其他物价一样，削铅笔的费用也上涨了），他会把亲手削好的铅笔，（连同笔屑）还给你本人，笔尖套上乙烯基塑料管。里斯写道："如果能用电锯雕刻图腾柱，就能用小折刀削铅笔。"不然，你可以用老式的手动削笔机，比如 1960 年左右我老爸在克利夫兰老家的地下室墙上安装的那台（芝加哥 APSCO 铅笔公司生产，2A 型切削装置），或是露·伯克前辈送我的工业级波士顿游侠（Boston Ranger）

55，上面写着"铅笔啃噬者"（It chews pencils）的警示语。读了里斯的书之后，我仔细看了看露的那台波士顿游侠，发现转盘上有个手柄，可以调节笔尖的粗细（B、M、F）。

不知从什么时候起，办公室小弟由电动削笔机接替了。我的是松下（Panasonic）牌，如果及时抽出铅笔，笔尖就削得很漂亮。但是它越来越卡了，肯定是之前那批有瑕疵的一号铅笔给害的。我估摸是碎铅卡在削刀里了，可我自然是看不见内部情景的，更不可能按照里斯的建议，用软毛牙刷来清理了。于是我退而求其次：拔掉插头，在桌子上敲一敲。

◆ ◆ ◆

一天，我收到了一件邮寄包裹，寄信人地址是一位住在佛罗里达州玛丽湖的曼尼·罗德里格兹（Manny Rodriguez）。我看走眼了，误以为是曼尼·拉米瑞兹（Manny Ramirez），还纳闷这位棒球明星会给我寄什么东西来。包裹里是一罗一号铅笔和一封信：

亲爱的诺里斯女士：

感谢您的来信。很抱歉这些铅笔困扰了您这么久，感谢您拨冗分享您所经历的问题。为了让您对此事有所释怀，容我对您的问题进行答复。

我想要的正是"释怀"！别再寄铅笔了，让我释怀就好。

这封信一本正经的口吻让我思忖：我与狄克森·提康德罗加公司的关系，是否等同于来信投诉标点用法的读者与我的关系呢？我对此的第一反应往往是"做点有意义的事吧"。从今往后，我要对读者多点同理心，写封回信，仅仅是让他们释怀也好。

信中继续写道：

我公司确实力求至臻至善。每批铅笔都要经过非常严格的质量控制措施检验。我公司将所有铅笔标上批号，以便日后追踪。一批铅笔刚生产出来，从整体外观到铅芯的折断强度，都要一一通过各种质量控制检验方法。这些检验记录和每批铅笔的样本都会存档数年，以备后患。只要接到关于我公司铅笔的客户投诉，都会记录下来并追溯到原批次。我们去查阅了批号 219 的检验结果，在此可以向您保证，这批铅笔确实通过了质控，也没有一例投诉记录。

"批号 219"——我喜欢这个说法。

那么您的铅笔是怎么回事？您的来信激起了我的好奇心。我亲自监督了您寄来的铅笔的检验过程。尽管我和质控部门未检验完每打铅笔，但是很多已经削好的铅笔确实都有容易折断的问题。至于尚未拆封的铅笔，则未遇到这类问题。鉴于此，我公司认为有两种可能性：

1. 运输受损：您想必知道，一号铅芯很软，比较脆弱，更容易在运输途中磕碰受损。在送到您手上之前，这些铅笔可能被摔落或搬运不当，由此造成内部铅芯折断，给您带来不愉快的使用体验。

2. 削笔机受损：削笔机用久磨损了，有时会把铅芯弄碎。如前所述，这种超软的铅芯更容易受到此类损坏。铅芯往往会在第一次削铅笔时就折断。尽管铅芯已经碎裂，但您仍继续使用，换用其他削笔机依然断芯，心中沮丧无比，殊不知铅芯早已断裂了。如果您的削笔机已使用多年，我强烈建议您换新的。

信末的署名为：狄克森公司营销经理克里斯汀 - 李·德斯坦（Kristen-Lee Derstein）。

◆ ◆ ◆

《如何削铅笔》的附录"铅笔控的朝圣地列表"（Pilgrimage Sites for Pencil Enthusiasts: a Checklist）很实用，我由此得知了位于俄亥俄州哥伦布市东南部洛根县的保罗·约翰逊（Paul A. Johnson）削笔机博物馆。自从在铅笔派对上逛了削铅笔休息区，我就强烈地意识到美国需要一家削笔机精品店，好比苹果专卖店，但更强调手工技艺。威廉斯堡是个合适的地点。

我有次经过时代广场，看到一家临街店铺的橱窗上印着 StubHub 的字样，顿觉梦想成真了[1]，但回过神来一想，StubHub 是出售表演门票的。既然还没有削笔机精品店，只好将就一下博物馆了，也许还附带纪念品店。我知道洛根县还有独木舟租赁业和一家搓衣板工厂，我想象着自己是梭罗，划着独木舟，从搓衣板工厂划向削笔机博物馆，最好能有大卫·里斯做伴。里斯本人从未参观过这个削笔机圣地，可惜他没空与我同行。不过，他之前做过功课，还提醒我藏品大多是新奇的削笔机。

时值暮夏，我选了个晴朗的好日子，独自向博物馆进发。在结束每年的伊利湖凯利斯岛周末假期、返回纽约时，我特

---

1. "StubHub" 中的 stub 有铅笔头的意思，而 hub 意为"中心"。

意绕了远道。我先是搭渡船前往位于桑德斯基湾（Sandusky Bay）半岛顶端的马布尔黑德（Marblehead），但并没有像往常一样往东经由克利夫兰，而是往南走：从 4 号公路到比塞洛斯（Bucyrus），经 98 号公路到沃尔多（Waldo），换 23 号公路到哥伦布市，再从 270 号州际公路绕开该市，接 33 号公路经过兰卡斯特（Lancaster）到洛根县。空气中有一股刺鼻的化肥味，沿途是大片的玉米地和南瓜田，地貌随意地被铁轨一分为二。一个写着 SIAM 的路标晃花了我的眼，或许是玉米地的缘故，但是看起来很像倒着拼的 MAIS。车一开进查特菲尔德（Chatfield），广告看板上的打印错误"Chatfield Canvas & Upholstrey[1]"（查特菲尔德帆布与装饰布）就把我给逗乐了。俄亥俄州特拉华县城外，有个公墓的广告上写着"½ price Graves"（墓地半价）。我经过了一条通向杰恩德路（Gender Road）的出口匝道。这条路可能是以名叫杰恩德的男子命名的，也可能通向一座主题公园，园里的所有设施都分成阳性、阴性或中性。

保罗·约翰逊削笔机博物馆位于霍金山接待中心（Hocking Hills Welcome Center）。该博物馆是一座独栋的预制小木屋，外面贴着大号的彩色铅笔作装饰，可免费入场。我毕恭毕敬地走了进去。门上方的牌匾用于纪念约翰逊牧师（1925—2010 年），还有许多裱了框的剪报记录着 3 400 多件削笔机藏品，以及该博物馆如何从纳尔逊维尔（Nelsonville）附近的卡本山搬到接待中心，并于 2011 年正式重新开放。约翰逊

---

1. 正确的拼字是"upholstery"。

于 1988 年退休后开始收藏削笔机。他的妻子夏洛特知道他退休后得找点消遣，就送了他两台金属车造型的削笔机作为圣诞礼物。在随后的十一年里，他四处搜寻"独特的设计和款式"，其藏品的主要来源是医院礼品店。

约翰逊有一条收藏标准，里斯知道了一定会赞同：该馆不收藏任何电动削笔机（只有一台孙子送给他的大猩猩削笔机，削铅笔时两只眼睛会发红光）。约翰逊从不用自己收藏的削笔机。有人问他为何想收藏时，他说："没人收藏啊。"

削笔机分门别类，摆放在玻璃柜的展架上：有交通类、音乐类（竖琴、留声机、班卓琴、手风琴、管风琴）、军事类、太空类、历史类（罗马竞技场、帝国大厦——跟我的一样！——金门大桥、里约热内卢基督山上张开双臂的耶稣像）、星座类、犬类、猫类、圣诞节类、复活节类（什么，竟然没有逾越节类削笔机？）、心形、运动类、家具／家居类（浴缸、电扇、缝纫机、收银机），等等。还有一些技术类别，包括双孔卷笔刀（有些是鼻孔造型——好痛啊），还有木工专用的扁平铅笔卷笔刀。我尽可能地拍了很多照片，要不是有标语警示该博物馆有 24 小时全天候监控，我会禁不住手舞足蹈起来。

在接待中心，我仔细端详了藏品中最古老的削笔机的专利，以及四周墙上若干造型各异的削笔器：马桶、潜水艇、小号、守车。有一台是美丽的红衣主教头造型（是红衣凤头鸟，可不是主教），这让我好奇是否有鸟类系列的削笔机、梵蒂冈宗教系列的。

我跟凯伦·雷莫尔（Karen Raymore）聊了聊。她金发碧眼，身穿黑色波点花薄纱，之前在威斯康星州从事旅游目的地营销，后来到俄亥俄州工作。有天她开车前往纳尔逊维尔，无意中看到了约翰逊牧师张贴的公告，邀请路人去参观削笔机博物馆——当时该馆设在自家位于卡本山的地产上——还附有电话号码。她还曾安排一群外出旅游的作家到此一游。当雷莫尔得知约翰逊牧师去世的消息时，她担心起来："那些藏品会怎么处置？"她认识一对夫妇，两口子有一家午餐盒博物馆，依附着他们开的餐馆。如果你告诉老板你小时候用的是什么午餐盒，他就能说出你是哪年出生的（我小学一年级时，用的是经典的红格纹午餐盒。后来我们搬了家，与布兰克和戴什家做了邻居，便当盒换成了小狗奥吉的图案，为此我很后悔）。后来老板去世了，老板娘应付不过来，便关了餐馆，午餐盒博物馆也随之不复存在。雷莫尔下定决心，不让削笔机博物馆重蹈覆辙。

她说"刚好这家人也不知道该拿博物馆怎么办"，所以很乐意把它托付给霍金山旅游协会。博物馆的策展人苏西·麦金农（Susie McKinnon）按照开放式展架上削笔机的类别，如实拍下原本的摆设，并将每台削笔机单独包装。同时，接待中心准备了一块地基，将预制建筑移到上面。2011 年夏，博物馆重新开放时，雷莫尔接着说："恰巧当天没什么重大新闻，所以来自世界各地的 132 家新闻媒体（从澳大利亚到沙特阿拉伯）都报道了这个消息，于是我们短暂地出了名。"

每年有 5 万名游客来到霍金山接待中心，也许并非所有人都会参观削笔机博物馆，较之以前在卡本山的岔路，如今来访的人数肯定多太多了。约翰逊牧师的女儿对雷莫尔说："爸爸生前常说希望博物馆最终能搬到这里。"

苏西·麦金农告诉我，博物馆藏有 3 441 台削笔机。约翰逊牧师有一条原则：每台削笔机都得独一无二，不能重样。麦金农详述了约翰逊对"独一无二"的定义：削笔机可以外形相同但颜色不同，或是擦得铮亮而不是黯淡无光。为了得到某个没有的颜色，他会买一打削笔机，再把其余的当礼物送人。我留意到有一个系列是小熊跨坐在树干上，上面写着"得来速树木公园"（Drive-Thru Tree Park）和"加州红树林"（California Redwoods）的不同字样。博物馆的确接受藏品捐赠，如果有人自认为拥有独一无二的款式，可以通过电子邮件给麦金农发照片。因为在搬运藏品前，麦金农曾在原地给展品拍过照，所以能立刻判断某个削笔机是否符合限定条件。她自己捐过一台木质削笔机，是猫咪玩毛线球的造型。有位要搬家的女士发来 50 张削笔机的照片，博物馆由此增加了 48 件新藏品。

一年前，维尔京群岛（Virgin Islands）有位男士给麦金农发邮件，想问博物馆对一台十磅重的铸铁削笔机有没有兴趣，那是他父亲的，父亲刚刚去世，享年 84 岁。她后来没收到回复，但仍有望获得捐赠。她说："那台削笔机能追溯到大约 1904年，虽然不是藏中历史最久的，却是最老款中最大的一台。"最古老的款式有 20 世纪初的夹式微型卷笔刀（大概是把钢笔插在衬衫口袋里的书呆子老祖宗用的）、仍装在皮革袋里的古老削笔器，还有一个小巧的、穿着考究的淑女造型削笔器。这些全都摆放在角落的一个展架上，上面标着"特别展品"。

我抱着希望，问了句："有制作目录的计划吗？"

"没这个计划。"麦金农果断地说。

她让我别声张这件事，但是博物馆实行 24 小时全天候监控的标语是原本就有的。霍金山没几件盗窃案与削笔机有关。

我们聊着聊着，我有了个想法。我来的时候带了一只黑色 KUM 牌长笔尖削笔机，但没有在藏品中看到类似的款式。那是我在铅笔派对上见到的手持款；因为我订购的铅笔太多了，卡尔·思达公司就免费送了我一只卷笔刀。我喜欢随身带着它，能随时随地削铅笔，要是在咖啡馆朋友的铅笔用钝了，立刻就能拿出来用。收藏品中有一些双孔卷笔刀，麦金农原本和多数人一样，以为一个孔用来削普通铅笔，另一个孔用来削彩色铅笔。我给她解释了个中原理：刀片下方的圆筒角度不同，每支铅笔先进一个孔削去木屑，再进另一个孔磨尖石墨。麦金农对此似乎颇感兴趣，不过我没详细透露自己的癖好：用削木屑的孔时，我喜欢把盖子打开，这样能让铅笔屑削成一长条。这有点像削苹果时不削断果皮：削下的果皮呈薄如纸的螺旋状，而铅笔的六角形会带来锯齿剪的效果，边缘带着笔杆的颜色，黑翼 602 铅笔削出来就是赏心悦目的深灰色，宛如牙签娃娃穿的迷你百褶裙。有些人（甚至也是铅笔发烧友）听到我这个癖好，不由得会倒退两步，但是没准他们也想私下试一试。我会把完好无缺的铅笔屑摆在书架上，不去动它，直到有一天一头雾水的清洁女工把它扔掉。

我走回自己的车子，在背包的拉链隔层里找到了那只卷笔刀，放在车尾给它拍了照，然后在停车场把里头的木屑抖出来。我可不希望我的卷笔刀因为使用过，而无法在博物馆里展出。

麦金农说："我可以现在就告诉你，我们没有这款。"我乐不可支，仿佛自己也成了南俄亥俄铅笔史中的一分子。她匆匆拿起钥匙，我们又回到博物馆。"把它摆在哪里合适呢？"我问。展架上的削笔机摆得密密麻麻的。麦金农决定把它和其他双孔卷笔刀放在一起（不是鼻子造型的）。她开了锁，敞开门，把原来的藏品推近一点，在展柜前方一个醒目的位置，放上我的黑色帕米诺黑翼长笔尖卷笔刀。我暗自希望她能多开几个玻璃门，好让我拍些不反光的照片，但是我在削笔机博物馆的任务已经完成，于是就让苏西回办公室，我则继续上路。

　　"百万富翁"和"文字编辑"这两个词几乎从未出现在同一句话中，更不可能形容同一个人，但露·伯克就是少数人中的少数：一名成为百万富翁的文字编辑。她从 1958 到 1990 年在《纽约客》任职，退休后住在康涅狄格州绍斯伯里镇（Southbury）。2010 年 10 月，在她去世一年后（据说死于白血病），有消息称：露曾立下遗嘱，将价值一百多万美元的遗产全部捐给绍斯伯里公立图书馆。以前我去麻省时，偶尔会顺路看望她，我们会到 Friendly's 餐厅吃午餐。但是露很爱打听老同事的八卦消息，原本三个半小时的车程会拖上一整天。她去世时，我已经多年没见过她，对此颇感愧疚，所以得知她坐拥百万美元财产，倒让我的心情稍微好了一点。

　　露一向注重个人隐私，善于回避任何私人问题，因此直到她的遗嘱得到确认，《康涅狄格杂志》（*Connecticut Magazine*）的某专栏作家开始来电访问，我们才恍悟，原来我们对她竟一无所知。我们知道她喜欢特罗洛普（Trollope）[1] 和爵士乐。她住在格林尼治村的霍雷肖街（Horatio Street）。她曾经和 J.D. 塞林格（J. D. Salinger）[2] 约会过。20 世纪 60 年代，她曾多次写信给《村声》（*Village Voice*），与诺曼·梅勒（Norman Mailer）有过感情纠葛。一次，她对一位同事说，她人生中最快乐的时光是有次参加夏令营，

---

1. 全名安东尼·特罗洛普（Anthony Trollope, 1815—1882 年），英国作家，代表作有《巴塞特郡记事》。
2. 即杰罗姆·大卫·塞林格（1919—2010 年），美国作家，代表作《麦田里的守望者》。

给她发了一只号角，让她每天早上吹起床号。但是我们不知道她是哪里人、在哪里上的学，也不知道她的真实名字——"露"肯定是某个词的简称。

露从民俗村（Heritage Village）的退休社区搬到绍斯伯里的庞泊扬伍兹（Pomperaug Woods）养护中心后，不屑与其他居民一起在餐厅用餐，宁可把饭菜带回自己的公寓独自享用。她去世后，流传着一个故事：有次，她在等电梯时，向同住的一位女士打招呼说，"你能帮我个忙吗？"对方同意后，露却对她说："去死。"

◆ ◆ ◆

如今，露·伯克成了绍斯伯里公立图书馆的永久赞助人。我专程去了一趟图书馆，心里有点不好意思，因为露在世时，我也没特意去绍斯伯里拜访，但我真的很好奇。图书馆的地址是贫穷路（Poverty Road）100 号，路名与实际并不相符。车道末尾的标牌上写着"始建于 1776"，也就是说，自殖民时代以来，绍斯伯里镇就有图书馆和管理员了。但是新的绍斯伯里公立图书馆 2006 年才开放。新馆有着帕拉第奥式窗户、柱廊、带栏杆的屋顶平台，占地六英亩，原先是一片南瓜田。这里连图书馆的味道都没有。不难看出露·伯克为何会把辛苦赚来的钱倾注于此，但也看不出这里还缺什么。馆内所有的陈设都体现出高雅的品位——参考书区有比尔·布拉斯（Bill Blass）设计的阅读灯、阅览室有真皮单人沙发椅和瓦斯壁炉、很多专为老人家设计的大字图书和智力拼图、摆着两副盔甲的儿童图书室、十几台电脑、免费 Wi-Fi、可供借阅的 Kindle 电子书阅读器、一个露台、能给湿伞套上塑料袋的伞套机，还有对爱书人来说最奢侈的事情：一排排仍然空着的书架。

馈赠遗产之事宣布后，由当地管理委员指派的九名志愿者组成的图书馆委员会，开始寻找合适的方式来纪念露的这一善举。委员会主席雪莉·迈克尔斯（Shirley Michaels）告诉我："我们擅长做战略规划，不会随意乱花钱。"他们决定将流通柜台用露的名字命名——那是一张气派的黑樱桃木桌，有三十四英尺长，即使摆放在大教堂里也不失排场——并举行一场计划于五月份开展的文学活动以及《纽约客》小说之夜。但是，后来该活动取消了，订购花岗岩牌匾一事也搁置了，因为绍斯伯里镇新当选的管理委员会首席委员埃德·埃德尔森（Ed Edelson），无疑是被露的巨额馈赠吸引了，决定调查一下镇政府和图书馆之间的财务安排。他发现，图书馆属于镇政府，而不是反过来；图书馆的资金归镇政府账户所管，加上露的捐赠，共计180万美元。他在电话里表示："让志愿者来管理镇政府账户，我觉得似乎不妥。"图书馆委员会很受辱。迈克尔斯称："五十年了，还从来没有哪个首席委员敢抢我们的钱。"

埃德尔森说，有两件事情让他很欣赏：一是露·伯克的慷慨大方（其实，露生前出手并不大方；文字编辑可不是靠慷慨就能攒下百万美元的）；二是她从未参与过图书馆事务。众所周知，她连借书证都没办过。图书馆的工作人员都不认识她，所以他们怎么可能知道她想把这笔钱花在哪里呢？埃德尔森去了遗产认证处，发现露留下这笔钱是用作"图书馆的一般用途"。他最先想到的是"那么，我们能用这笔钱买书吗"？他提议镇政府不再用纳税人的钱买书（之前每年都拨款五万美元给图书馆购书），露·伯克的遗赠可供二十年买书之用。得到的答复是："休想。"迈克尔斯说："那样的话，就跟没这笔钱一样。"

露的遗赠备受媒体关注，连她的近亲也露面了。在田纳西州纳什维尔担任校护理长的史蒂芬妮·布兰塞特（Stephanie Blansett）在网络新闻媒体"绍斯伯里地"（Southbury Patch）看到一篇关于露的报道，便在评论区留了言。她自称是露·伯克的侄女，而她的父亲约翰·赛特（John Seiter）是露有一半血缘的哥哥，比露年长九岁。史蒂芬妮透露了一个惊人的消息：露的本名是露露（Lulu）。我给史蒂芬妮打电话时，她说："她从来都不想当露露。"

◆ ◆ ◆

埃德尔森最终让步了，允许图书馆和支持者自行支配露的遗赠。因 2013 年 5 月 22 日举行遗产捐赠庆典，我再次前往绍斯伯里，这回是和《纽约客》前诗歌编辑爱丽丝·奎因同行，她告诉我这场争端的结果：还是会用纳税人的钱来支付每年的购书预算，不会按照镇管理委员的想法"动用"露的遗赠。图书馆将保存这笔钱，作为自主资金，当年如有剩余则隔年使用，镇政府将继续对图书馆提供资金，尽管图书馆已经经费充足。

是夜天气晴朗，偌大的停车场还有空位，伞套机也没派上用场。我不太能想象这些便利设施是露买单的 [确实不是她；是图书馆之友（Friends of the Library）用每年的售书收益采购的]。餐饮服务由诺格塔克储蓄银行（Naugatuck Savings Bank）赞助：有美味的开胃菜、酒品、甜点和咖啡可供选择。现场气氛欢乐，但也不过分热烈。

雪莉·迈克尔斯和图书馆馆长雪莉·索尔森（Shirley Thorson）欢迎了我们。埃德·埃德尔森正站在高脚鸡尾酒桌旁，对一群人高谈阔论，桌上摆满了宴会礼物（有诺格塔克储蓄银行提供的圆珠笔）。我悄悄地站在人群的最外围。当雪莉·迈克尔斯走上台宣布活动正式开始时，我低身穿过人群，和爱丽丝一起站到台下，默默地从我的包里拿出一个道具：露的逗号调味罐，这件遗物大约可追溯到 20 世纪 60 年代初。

当晚的重大时刻是露·伯克流通柜台的揭牌仪式。爱丽丝带了一本《韦氏第 2 版足本词典》（Webster's Second Unabridged）捐给图书馆以纪念露·伯克，桌上已经摆好了书架来放这本词典。词典摊开在右上角索引词是"Life"的页面。

迈克尔斯请爱丽丝以露·伯克同事的身份发言。爱丽丝说，她父亲也曾住在庞泊扬伍兹养护中心，她去探望父亲时，看到了露。一开始，露和爱丽丝都不确定是不是对方，但是爱丽丝后来再去时，露走上前说："你又现身了。"（So you've materialized.）从露的措辞中，我仿佛能听到她的声音。

接着，爱丽丝介绍我上台。我没有准备正式的讲稿。之前在西43街等爱丽丝开车（一辆安静又省油的丰田普锐斯混合动力车，似乎非常适合诗歌编辑）来接我时，我草草地写了几件事。我们每天上班时，确实会想起她。那周工作时刚好遇到了一个拼写难题，我就很想向她讨教：动词"to summit"（参加峰会；登上峰顶）的过去式要不要双写字母t？例如"Traditionally, the Sherpas summitted Everest each season before the Western clients on guided tours."（传统上，夏尔巴人每季都会赶在西方登山队之前，先登上珠穆朗玛峰探路。）"韦氏小红书"里确实有当不及物动词的用法，意思是"登上峰顶"，但是我没看到，或许是因为该动词的第一个词义"参加峰会"让我很惊讶。我们的规定是，如果词典里把该单词列为可选择双写，就要双写词尾辅音。可是如果词典里根本查不到，我们怎能假定它是可选择的呢？

我知道讲这种事，效果不会好，但我想重现露的精神。以前，为了不在她面前胆怯，我总要给自己打打气、鼓鼓劲。我刚到核对部门的第一天就被她吓哭了，因为我既找不到她想要的东西，也不明白她在说什么。我会告诉自己，我没做错什么，所以不用怕。如果你勇于面对露，最终会赢得她的尊重。我也从她身上学到，不能变成她那样。希望如此吧。

然后，我举起了那个逗号调味罐。虽然它就在我手里，大家都看得到，我还是得描述一番，因为年岁久了，那些手绘的逗号已经褪色，况且这样东西本身就有隐含意义。我示范了它的用法，摇晃了好几下，对着空气撒了一通逗号。接着，我回想起以前编辑桌挨着电梯所在的前厅，夜里下班时，肖恩先生会在那里与莉莉安·罗斯小姐（Lilian Ross）和她的狗狗戈迪（Goldie）见面，然后一起离开。我没讲肖恩先生和罗斯小姐之间的关系（他们是男女朋友）以及那条狗的品种（杏色贵宾犬），也没讲有次戈迪在大厅里撒尿，是我拖的地板。肖恩先生感谢我迅速垫上纸巾，我猜他应该是佩服我有秒变清洁女工的潜质。他自己当然无法应对这种状况，也不能站在原地牵着狗绳，让罗斯小姐来清理。我猜，肖恩先生肯定会收下我的下一封"友人来信"的。

有天下午，罗斯小姐在通往二十层楼的楼梯口等肖恩先生时，戈迪叫了起来，叫声回荡在美国最著名的文学杂志社的大厅里，听来有些荒诞不经。他们仨刚走，露就走出办公室，站在大厅里学狗叫："汪汪！汪汪汪！"

我的讲话戛然而止。我无法超越露在大厅里顽皮地模仿戈迪的叫声。雪莉·迈克尔斯之前说，大家都对这位神秘的图书馆赞助人很好奇，于是我说，但凡有关于露的问题，可以随时来问我或爱丽丝（ask Alice or me）。这时，我脑海里的那个小小审查官躁动起来。刚才那个"me"用得对不对？对，它是"ask"的间接宾语。如果我矫枉过正地说了"ask Alice or I"，露若在天有灵，定会一脸嫌弃。用代词"me"一点也不粗俗，绝对是"ask Alice or me"。

注 释

ix "Of course, when you correct": Francis A. Burkle-Young and Saundra Rose Maley, *The Art of the Footnote: The Intelligent Student's Guide to the Art and Science of Annotating Texts* (Lanham, MD: University Press of America, 1996), p. 81.

引言　逗号女王的自白

1. "In the view's right-middle ground": John Mcphee, "Coming into the Country—IV," New Yorker, July. 11,1977,p.38. 这 篇 及 其他阿拉斯加系列文章后收录于《进入荒野》（*Coming into the Country*）（New york: Farrar, Straus and Giroux, 1978).

2. It's from the Greek: *Merriam-Webster's Collegiate Dictionary*, 11th ed., s.v. "synecdoche."

第一章　拼写是怪胎才做的事

1. "Several of our vowels": Noah Webster, *A Grammatical Institute of the English Language*, 1st ed. (Hartford, CT: Hudson & Goodwin [1783]), p. 5. Facsimile edition printed at Paladin Commercial Printers for the Noah Webster House, Inc., and Museum of West Hartford History, West Hartford, CT.

2. "the forgotten founding father": Joshua Kendall, *The Forgotten Founding Father: Noah Webster's Obsession and the Creation of an American Culture* (New York; G. P. Putnam's Sons, 2010).

3. "born definer": Ibid., p.5.

4. "Spelling is the art": Webster, *Grammatical Institute*, p. 24.

5. "These words are vulgarly": Ibid., p. 33 (note).

6. "Americans rejected *ake*": Harlow Giles Unger, *Noah Webster:*

The Life and Times of an American Patriot (New York: John Wiley and Sons, 1998), p. 252.

第二章 那个巫婆！

1. "But rock columns are": John Mcphee, "Annals of the Former World: In Suspect terrain—II," New Yorker, Sept. 20, 1982, p. 47. 这篇及其他关于北美地质学的文章收录于 *In Suspect Terrain* (New York: Farrar, Straus and Giroux, 1983), 后又收入 *Annals of the Former World* (New york: Farrar, Straus and Giroux, 1998).

2. "As we drank tea": Lauren Collins, "Sark Spring," *The New Yorker*, Oct. 29, 2012, p. 55.

3. "Walking down the long": Edward St. Aubyn, *Mother's Milk, in The Patrick Melrose Novels* (New York: Picador, 2012), p. 496.

4. "While picking kids up at school": George Saunders, "The Semplica-Girl Diaries," *The New Yorker*, Oct. 15, 2012, p. 69. 该短篇小说后收录于 *Tenth of December* (New York: Random House, 2013).

第三章 语言中的性别问题

1. "the words male and female": David Marsh, *For Who the Bell Tolls: One Man's Quest for Grammatical Perfection* (London: Guardian Faber Publishing, 2013), p. 232.

2. "English . . . has certain unusual": Robert Graves and Alan Hodge, *The Reader over Your Shoulder*, (New York: Vintage Books, 1979), pp. 6-7.

3. "Gender is illogical": Ibid., p. 7.

4. "a poor little weak thing": Mark Twain, "The Awful German Language," See http://www.crossmyt.com/hc/linghebr/awfgrmlg.html.

5. "Every noun has a gender" : Ibid.

6. "She fit him totally" : American Masters: *LENNONYC*, a documentary; premiered on PBS December 4, 2012; aired again on March 21, 2014; Michael Epstein, director/writer. See http://video.pbs.org/video/2309422687/; http://www.pbs.org/wnet/americanmasters/episodes/lennonyc/about-the-film/1551/.

7. "English has a number" : Bryan A. Garner, *Garner's Modern American Usage*, 3rd ed. (New York: Oxford University Press, 2009), p. 739.

8. "If the English language had" : Milne, quoted in David marsh, *For Who the Bell Tolls*, p. 225.

9. Alternatives come from all over: 这些例子引自 Dennis Baron 的 "The Epicene Pronouns: A Chronology of the Word that Failed." See http://www.english.illinois.edu/-people-/faculty/debaron/essays/epicene.htm. Earlier versions of this list appeared in "The Epicene Pronoun: the Word that Failed," *American Speech 56* (1981): 83–97; and *Grammar and Gender* (New Haven and London: Yale University Press, 1986).

10. "spontaneously appeared in Baltimore" : See Elaine m. Stotko and Margaret Troyer, "A New Gender-Neutral Pronoun in Baltimore, Maryland: A Preliminary Study," *American Speech 82*, no. 3 (2007): 262–79.

11. "that refer ... to antecedents" : C. Marshall Thatcher, "What Is 'EET' ? A Proposal to Add a Series of Referent-Inclusive Third Person Singular Pronouns and Possessive Adjectives to the English Language for Use in Legal Drafting," *South Dakota Law Review 59*, no. 1 (2014): 79–89. "What Is Eet?" is viewable online at http://works.bepress.com/cgi/viewcontent.cgi?article=1011&context=

charles_thatcher

12. "To talk of persons" : H. W. Fowler, *A Dictionary of Modern English Usage*, 2nd ed., revised by Sir Ernest Gowers (New York: Oxford University Press, 1965), p. 221.

13. "where the matter of sex" : Ibid., p. 404 (entry for "number", 11).

14. "The aspirant can then sink" : Dwight Garner, "Creative Writing, via a Workshop or the Big City," *New York Times*, Feb. 26, 2014.

15. "the horrible their" : Fowler, *Dictionary of Modern English Usage*, p. 417.

16. "Though the masculine singular" : Garner, *Garner's Modern American Usage*, p. 740.

17. "If they can do it" : Marsh, *For Who the Bell Tolls*, p. 230.

18. " 'A person can't help their birth' " : William Makepeace Thackeray, *Vanity Fair* (1847-48; reprint, New York: Penguin Classics, 2001), p. 483.

19. "Such phrases are often alternated" : Garner, *Garner's Modern American Usage*, p. 739 (entry for "Sexism," B. The Pronoun Problem).

20. "The method carries two risks" : Ibid., pp. 739-40.

第四章 主格还是宾格？

1. "any exact notion of what is taking palce" : E. B. White, from the introduction to "Will Strunk" in *Essays of E. B. White* (New York: HarperPerennial, 1999), p. 319.

2. David Foster Wallace lists: David Foster Wallace, "Tense Present: Democracy, English, and the Wars over Usage," *Harper's*, April

2001, p. 39. 后更名为 "Authority and American Usage", 收录于 *Consider the Lobster and Other Essays* (Boston: Little, Brown, 2005).

3. "The King and I": Example from Ben Yagoda, *How to Not Write Bad* (New York: Riverhead Books, 2013), p. 99.

4. "verbs of the senses": Karen Elizabeth Gordon, *The Transitive Vampire* (New York: Times Books, 1984), p. 29.

5. "The *who/whom* distinction": Steven pinker, *The Language Instinct* (New York: William Morrow, 1994), p. 116.

6. "the dissident blogger, whom": Jon Lee Anderson, "Private Eyes," *The New Yorker*, Oct. 21, 2013, p. 71.

7. "If someone approaches": Randy Steel, "9 Things NOT to Do After a Breakdown," AAA New York, *C&T 3*, no. 3 (March 2014): 37.

第五章　逗号，逗号，变变变

1. The editors of *Webster's Third*: David Skinner, *The Story of Ain't: America, Its Language, and the Most Controversial Dictionary Ever Published* (New York: Harper, 2012), p. 281.

2. "But what principally attracted": Charles Dickens, *The Life and Adventures of Nicholas Nickleby* (1839; reprint, New York: Oxford University Press, 1982), pp. 448, 449.

3. "The first house to which": Ibid., p. 310.

4. "She brought me": *The Selected Letters of Charles Dickens*, edited by Jenny Hartley (Oxford: Oxford University Press, 2012), p. 311.

5. "Often I have lain thus": Herman Melville, *White-Jacket* (1850; reprint, Evanson: Northwestern University Press, 1970), p. 119.

6. "Before Atwater died": the line is from Jane mayer, "attack

Dog," *The New Yorker*, Feb. 13 and 20, 2012, cited in Ben yagoda, "Fanfare for the Comma man," *New York Times*, April 9, 2012.

7. "When I was in high school" : Marc Fisher, "the master," *The New Yorker*, April 1, 2013, p. 38.

8. "Eve was across the room" : James Salter, *Light Years* (New York: Vintage, 1995), p. 27.

9. "She smiled that stunning, wide smile" : Ibid., p. 181.

10. "It was as if they were" : Ibid., p. 231.

11. "The ship was enormous" : Ibid., p. 263.

12. "He sailed on the France" : Ibid., p. 262.

13. "Is there anything in your" : Jennifer Scheussler, "A Proper Celebration of the Not-So-Proper Modern British Novel," *New York Times*, July 24, 2013.

第六章 《白鲸》（*Moby-Dick*）中的连字符是谁加的?

1. "How was it?" : Karen Russell, "The Bad Graft," *The New Yorker*, June 9 and 16, 2014, pp. 97-98.

2. "My father specialized" : Edward N. teall, *Meet Mr. Hyphen (And Put Him in His Place)* (New york: Funk & Wagnalls, 1937), p. 31.

3. footnote on "po-lop-o-ny" : Ibid., p. 19.

4. "It should be regarded" : Ibid., p. 14.

5. "Nothing is to be gained" : Ibid., p. 57.

6. "Did you ever see a hyphen" : Ibid., p. 77.

7. "an excess of academic affectation" : Ibid., p. 90.

8. "Oh Time, Strength, Cash" : Herman Melville, *Moby-Dick* (1851; reprint, New York: Modern Library, 1992), p. 207.

9. posted online with artwork: See http://www.mobydickbigread. com.

10. "And the women of New Bedford" : Melville, *Moby-Dick*, p. 47.

11. "It is thought here" : the letter can be found in Andrew Delbanco, Melville: His World and Work (New York: Vintage Books, 2006), p. 177.

12. "The proofs ... were replete" : Herman Melville, *Pierre*, cited in Delbanco, *Melville*, pp. 177-78.

13. "Commas were sometimes used" : G. Thomas Tanselle, in *Typee, Omoo, Mardi*, by Herman Melville (New York: Library of America, 1982), pp. 1324-25.

14. "In his letter Allan spells" : G. Thomas Tanselle, in *Redburn, White-Jacket, Moby-Dick*, by Herman Melville (New York: Library of America, 1983).

第七章　破折号、分号和冒号一起进酒吧

1. "I know how you must feel" : Jeffrey Frank, *Ike and Dick: Portrait of a Strange Political Marriage* (New York: Simon and Schuster, 2013), pp. 253–54.

2. "In Dickinson's poetry" : Cristanne miller, *Emily Dickinson: A Poet's Grammar* (Cambridge: Harvard University press, 1987), p. 53.

3. she "relied mainly on dashes" : R. W. Franklin, ed., *The Poems of Emily Dickinson* (Cambridge: Harvard University press, 2005), p. 10.

4. book review by Judith Thurman: "A New reading of Emily Dickinson," *The New Yorker*, Aug. 3, 2008, pp. 68–73.

5. Today, the entire archive: See www.edickinson.org.

6. "You must wait—you" : *The Aspern Papers*, in *The Henry James Reader*, ed. Leon Edel (New York: Scribner, 1965), p. 235.

7. "She was bad; but" : Henry James, *Washington Square*, in Edel,

ed., *The Henry James Reader*, p. 89.

8. "Poor Catherine was conscious": Ibid.

9. "You have taken up": Ibid., pp. 86-87.

10. "Unable to visit Bruichladdich": Kelefa Sanneh, "Spirit Guide," *The New Yorker*, Feb. 11 and 18, 2013, p. 51.

11. Baker calls "dashtards": Nicholson Baker, "the History of punctuation," in *The Size of Thoughts: Essays and Other Lumber* (New york: random House, 1996), quoted by Keith Houston in *Shady Characters: The Secret Life of Punctuation, Symbols, and Other Typographical Marks* (New York: W. W. Norton, 2013), p. 152.

12. "Gaffer! If you think": Charles Dickens, *Our Mutual Friend* (1865; reprint, New York: Modern Library, 2002), p. 6.

第八章 撇号是怎么回事？

1. "You would think that": Mark Twain, *The Innocents Abroad* (1869; reprint, New York: Signet Books/New American Library, 1966), p. 138.

2. "whether there would be life": Gary Comer, "Before the Beginning and after," available at http://www.contentedshopper.com/ clothing.htm.

3. "The word or words that form": United States Board on Geographic Names, "Principles, Policies, and Procedures: Domestic Geographic Names." See http://geonames.usgs.gov/ docs/pro_pol_pro.pdf.

4. "an apostrophe-eradication policy": Barry Newman, "Theres a Question Mark Hanging over the Apostrophes Future," *Wall Street Journal*, May 15, 2013.

5. "for some the possessive case": Kitty Burns Florey, *Sister*

Bernadette's Barking Dog: The Quirky History and the Lost Art of Diagramming Sentences (Brooklyn, NY: Melville House Publishing, 2006), p. 77. (I am grateful to Burns Florey for digesting Gertrude Stein, "Poetry and Grammar," in *Lectures in America*.)

6. "to avoid 'confusion' " : BBC News, "Apostrophe Ban on Devon Council' s New Street Names." See http://www.bbc.com/ news/ uk-england-devon-21795179.

7. "the thought of apostrophes" : Ibid.

第九章　去他＊的

1. the rapper Earl Sweatshirt: Kelefa Sanneh, "Where's Earl?" *The New Yorker*, May 23, 2011, pp. 59–67.

2. "OMG Fucking Just Ran" : Twitter post by Tyler, the Creator (Tyler Okonma), Sanneh, May 23, 2011.

3. "there is khuy ('cock')" : See http://www.newyorker.com/ online/ blogs/newsdesk/2014/05/vladimir-putins-four-dirty-words. html.

4. "The term mat itself" : Victor Erofeyev, "Dirty Words," *The New Yorker*, Sept. 15, 2003, p. 42.

5. "the federal government could take" : Calvin Trillin, "U.S. Letter: Atlanta," *The New Yorker*, Jan. 27, 1968, p. 102.

6. report about a merchant marine: John Mcphee, "Looking for a Ship," *The New Yorker*, March 26, 1990.

7. McPhee got his satisfaction: John Mcphee, "Editors and Publishers," *The New Yorker*, July 2, 2012, p. 34.

8. "I've put more curse words" : Booktalk Nation, Ian Frazier interviewed by Roy Blount Jr., December 6, 2012.

9. the phrase "bros before hos" : Ben McGrath, "Samba

Soccer," *The New Yorker*, Jan. 13, 2014, p. 50.

第十章　铅笔控之歌

1. One of his principal sources: *Logan (OH) Daily News*, March 18, 1999.

2. "Nobody else does it"："Local Man's Collection of 2,393 Pencil Sharpeners on Display in His Museum," *Athens (OH) News*, June 17, 2003.

1.《纽约时报》的著名文体编辑西奥多·伯恩斯坦（Theodore Bernstein）的三部著作，阐述了他对出版体例的观点：Miss Thistlebottom's Hobgoblins: The Careful Writer's Guide to the Taboos, Bugbears and Outmoded Rules of English Usage (Centro Books, 1971)、Dos, Don'ts & Maybes of English Usage (Times Books, 1977)、The Careful Writer: A Modern Guide to English Usage (Atheneum, 1981)。伯恩斯坦以和蔼可亲、宽慰人心而不失威严的口吻告诉读者，"none"是复数名词，只有意为"没有一个"（not a single one）时才是单数。

2. 克莱尔·科尔沃德·库克（Claire Kehrwald Cook）著，《逐字逐句：如何修改自己的文章》（Line by Line: How to Edit Your Own Writing），霍顿·米夫林出版公司（Houghton Mifflin），1985年。该手册简明实用，对"further"与"farther""a while"与"awhile""hanged"与"hung"等词的区别做了清晰的解释和辨析。

3.H.W. 福勒（H. W. Fowler）著，《福勒现代英语用法（第二版）》（Fowler's Modern English Usage, Second Edition），厄内斯特·高尔斯爵士（Sir Ernest Gowers）修订，牛津大学出版社（Oxford University Press），1965年。这本经典之作初版于1926年，经久不衰，主要得益于福勒优秀的写作水平。你将学会辨别"flotsam"与"jetsam"以及"foam""froth"与"scum"的细微差异。本书不适合用来临时抱佛脚。

4. 布莱恩·加纳（Bryan Garner）著，《加纳现代美国用法（第三版）》（Garner's Modern American Usage, Third Edition），牛津大学出版社，2009年。与福勒的著作一脉相承，这本用法指南详略得当，生动活泼。本书详尽无遗又不至于令人心生倦意。如果你会为了消遣去读烹饪书，这本书就好比烹饪书，是作者对语言"原料"的所思所感。

5. 西蒙·赫弗（Simon Heffer）著，《纯正英语：正确的写作方式及其重要性》（*Strictly English: The Correct Way to Write... and Why It Matters*），风车图书出版公司（Windmill Books），2011 年。赫弗任职于《每日电讯报》（*Daily Telegraph*），他俨然一个英国倔老头，以恪守语言的规约性为荣。如果你想修正语言错误或学习如何称呼准男爵，这本书很实用。

6. 杰克·林奇（Jack Lynch）著，《词典编纂者的困境："标准"英语从莎士比亚到〈南方公园〉的演变》（*The Lexicographer's Dilemma: The Evolution of "Proper" English from Shakespeare to South Park*）。本书是对英语语言史概况的最佳著述。林奇显然功底深厚，但内容并不枯燥乏味。

7. 戴维·马什（David Marsh）著，《丧钟为谁而鸣》（*For Who the Bell Tolls*），卫报 - 费伯出版社（Guardian Faber Publishing），2013 年。本书集结了探讨《卫报》文体的一系列文章、帖子和推文。其指导原则是"墨菲定律"（Muphry's Law）："如果你撰文批评编辑或校对，你的文章中必定会出现某种形式的错误。"（If you write anything criticizing editing or proofreading, there will be a fault of some kind in what you have written.）我同意马什关于"who"和"whom"的观点，但是少了约翰·邓恩的"m"，应该给人家加上去才对。

8. 亨利·波卓斯基（Henry Petroski）著，《铅笔：设计与环境的历史》（*The Pencil: A history of Design and Circumstance*），克托夫出版集团（Knopf），初版于 1989 年。这本百科全书式的著作以热情的笔调回顾了这个不起眼的书写工具的历史，上至古罗马的细头画笔（penicillum），下至当代的铅笔控。

9. 阿蒙·希亚（Ammon Shea）著，《蹩脚英语：语言恶化史》（*Bad English: A History of Linguistic Aggravation*），企鹅出版社（Penguin），2014 年。希亚以宽容而诙谐的笔调，讲解"periphrastic"

和"ligurition"等单词的来源，为年长者解释网络缩略语（如 brb，即 be right back），在揭开层层迷思之余，又引发多重思考（纳博科夫喜欢用笑脸吗？）。书中还提到了已故评论家弗兰克 - 维泽特利（Frank Vizetelly）。本书以最乐观的态度看待我们的语言使用习惯。

10. 马杰里·斯基林（Marjorie E. Skillin）与罗伯特·盖伊（Robert M. Gay）合著，《词的归类》（*Words into Type*），学徒堂出版社（Prentice Hall, Inc.），1974 年。没错，是 1974 年。虽然当时还没有网络，但仍是一本必备的参考书。一位智者曾说："你不必对语法无所不知，只要知道查阅哪本参考书就可以了。"本书的宗旨即为此。每当我忘记是否要用斜体来表示属或种，或是某个动词该搭配哪个介词，我就去翻这本书。

11. 小威廉斯特伦克（William Strunk Jr.）与怀特（E. B. White）合著，《风格的要素（第三版）》（*The Elements of Style, Third Edition*）。本书仅薄薄 85 页，提出的建议却永不过时，为数代人认可并接受。我自己的那本散架了，在"Loan"（"名词。作动词的话，用 lend 更好"）和"Meaningful"（"被用滥的形容词"）之间断开了。若读了这本还不过瘾，还有马克·加维（Mark Garvey）的 Stylized: A Slightly Obsessive History of Strunk & White's The Elements of Style（Simon and Schuster, 2009）。本书初稿于 1918 年，康奈尔大学的斯特伦克教授自费出版了这本"小册子"，供学生使用。1957 年，怀特找回这本书并修改了三遍。此版还包括他与编辑和读者的信件往来，以及欣赏该书的作家写的颂词。

12. 《华盛顿邮报》文字编辑比尔·沃什（Bill Walsh）所著的三部曲：Lapsing into a Comma: A Curmudgeon's Guide to the Many Things That Can Go Wrong in Print—and How to Avoid Them (Comtemporary Books, 2000)、The Elephants of Style: A Trunkload of Tips on the Big Issues and Gray Areas of Contemporary American

English (McGraw Hill, 2004) 和 Yes, I COULD Care Less: How to Be a Language Snob Without Being a Jerk (St. Martin's Griffin, 2013)。沃什务实而自信，俨然更平易近人的现代版伯恩斯坦。

图书在版编目 (CIP) 数据

逗号女王的自白：编辑的自我修养 /（美）玛丽·
诺里斯（Mary Norris）著；安芳译 . —重庆：重庆大
学出版社，2020.8

ISBN 978-7-5689-1888-6

Ⅰ.①逗…　Ⅱ.①玛…　②安…　Ⅲ.①英语 – 学习
方法　Ⅳ.① H319–3

中国版本图书馆 CIP 数据核字（2019）第 277789 号

逗号女王的自白：编辑的自我修养

DOUHAO NUWANG DE ZIBAI：BIANJI DE ZIWO XIUYANG

[美] 玛丽·诺里斯　著

安芳　译

责任编辑：李佳熙
责任校对：万清菊
责任印制：张　策
书籍设计：何海林

重庆大学出版社出版发行

出版人：饶帮华

社址：（401331）重庆市沙坪坝区大学城西路 21 号

网址：http://www.cqup.com.cn

印刷：天津图文方嘉印刷有限公司

开本：880mm×1230mm　1/32　印张：7.625　字数：196 千
2020 年 8 月第 1 版　2020 年 8 月第 1 次印刷
ISBN 978–7–5689–1888–6　定价：48.00 元

版贸渝核字（2018）第 129 号